胜利
丛书

吴清丽
江　南
－主编－

断

1951—1953

刃

白文辉 主编　｜　周鑫　陈玉成 副主编

上海人民出版社

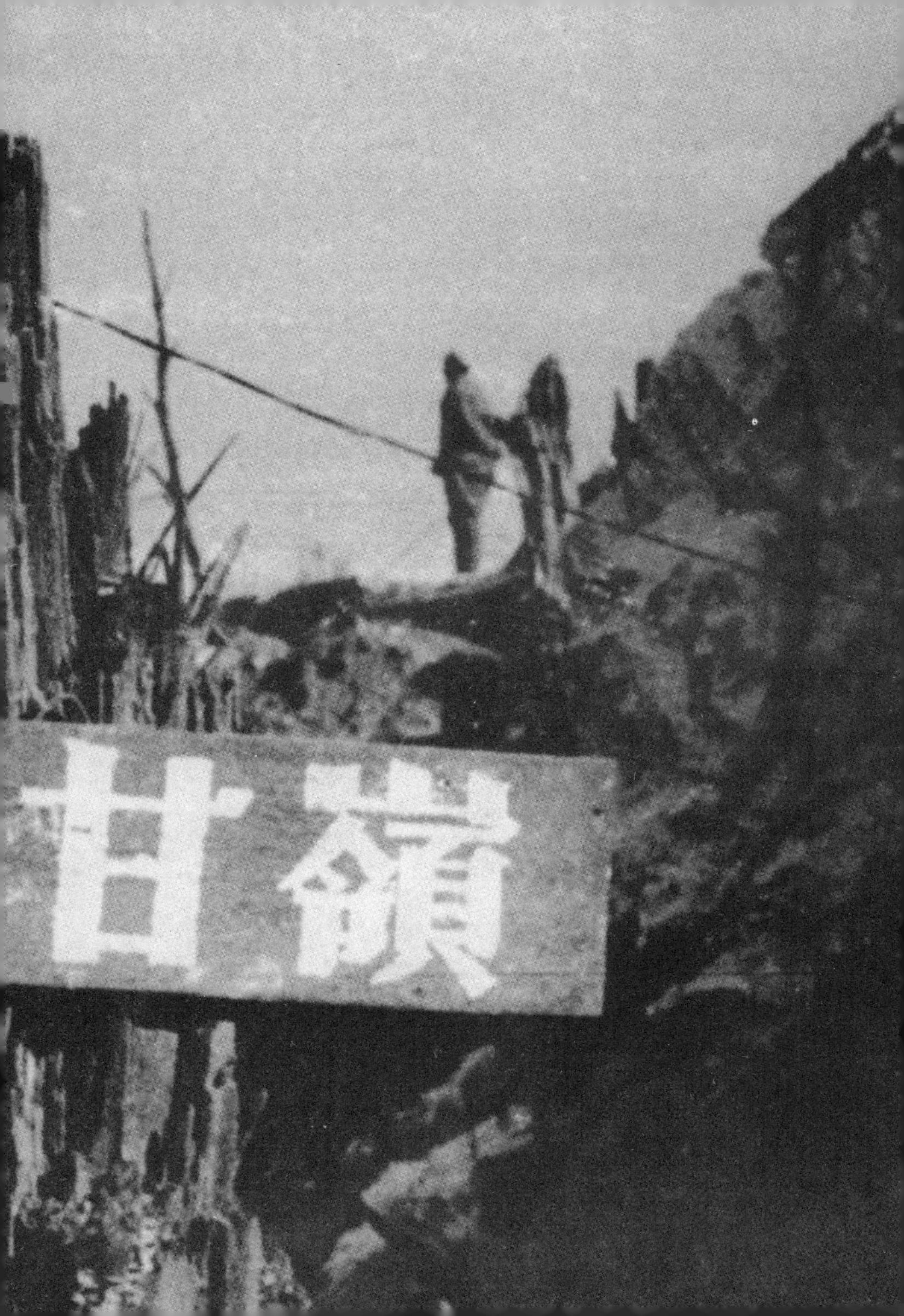
甘嶺

志愿军

彭德怀
（1898—1974）| 中朝联合司令部司令员兼政委、
中国人民志愿军司令员兼政委

陈　赓
（1903—1961）| 中国人民志愿军副司令员

邓　华
（1910—1980）| 中国人民志愿军代司令员兼代政治委员

韩先楚
（1913—1986）| 中国人民志愿军副司令员

洪学智
（1913—2006）| 中国人民志愿军副司令员

杨得志
（1911—1994）| 中国人民志愿军第 19 兵团司令员

杨成武
（1914—2004）| 中国人民志愿军第 20 兵团司令员

杨　勇
（1913—1983）| 中国人民志愿军第 20 兵团司令员

秦基伟
（1914—1997）| 中国人民志愿军第 15 军军长

李德生
（1916—2011）| 中国人民志愿军第 12 军副军长

“联合国军”

马修·李奇微 （1895—1993）	“联合国军”总司令
詹姆斯·范佛里特 （1892—1992）	“联合国军”地面部队司令
马克·韦恩·克拉克 （1896—1984）	“联合国军”总司令兼远东战区总司令
詹金斯	美军第 9 军军长
史密斯	美军第 9 军第 7 师师长
丁一权 （1917—1994）	南朝鲜军第 2 师师长
马克斯韦尔·泰勒 （1901—1987）	美军第 8 集团军司令

序 言

王树增

百年前的中国大地上，人心思变。此起彼伏的革命斗争，正如黑暗夜空中的星星之火，照亮了沉睡千年的中华大地。

90年前的深夜，江西古城南昌平静而又不同寻常。一批叱咤风云、屡建奇功的共产党人，以不死的精神和非凡的气概，带领起义部队打响了武装反对国民党反动派的第一枪，为中国革命留下了至关重要的一批火种，并从此拉开中国人民解放军建军的历史帷幕，为中国共产党的革命斗争史增添了浓重的一笔。

中国历史的波澜从此变得更加汹涌澎湃，中国共产党人带领着这支革命队伍发动起义，如星火燎原般在中华大地上点燃革命的火种；以大无畏的气概打退了敌人对革命根据地的多次"围剿"，凭着"万水千山只等闲"的革命精神走过两万五千里长征，凭借"战则必胜"的英雄气概打赢艰苦卓绝的抗日战争，以"天翻地覆慨而慷"的革命精神赢得了解放战争的胜利。在无数场决定中华民族前途和命运的战斗中，革命者将自己的生命完全融入争取民族独立和人民解放的斗争中，为挽救民族危亡、实现民族独立和人民解放、争取世界和平，作出了彪炳史册、无可比拟的贡献。

忘记历史就意味着背叛。走进历史才能看清历史。

　　真实的历史往往是残酷的。从来就没有无所不能的救世主，从来也没有无往不胜的战斗队。光辉夺目的八一南昌起义，远没有完成起义的最初设想，没有浪漫的起义宣言，更多的是困境中的追求与思索；震撼世界、彪炳史册的长征，不仅是群情激昂的火热场面，更多的是苦难中的磨炼与考验。

　　历史是民族的精神图谱。2000 年，美国《时代》周刊邀请了世界百名自然和人文科学家，评选出影响了人类千年文明进程的 100 件大事，其中中国占三件，即火药武器的发明、成吉思汗帝国和长征。红军长征是中国军事史上旷古未有的一次战略大转移，它挽救了红军、挽救了革命、挽救了党、挽救了中华民族，它彰显了人类面对巨大困难时执着前进、不畏险阻的非凡勇气。在历时两年、辗转数万里的浴血征战中，红军打破了国民党军队的围追堵截，踏平了自然界的艰难险阻，创造了世界战争史上的奇迹。

　　回顾历史，既要在辉煌的历史中回顾昔日荣光，更要在历史的荆棘中寻找前行的动力。民族强盛，是每个中华儿女的光荣梦想。翻开绵亘久远的历史就会发现，曾经强盛的中华民族曾两次与持续发展和再次崛起的时机失之交臂。公元 1500 年左右，强盛统一的明朝对世界变化置若罔闻，错过了与世界交流、扩大中华民族文化圈的重大时机；历经盛世后，一纸片帆不得下海的禁令切断了海上贸易的通路，中国正式开始走上闭关锁国的道路，最终难挡帝国主义的坚船利炮而使民族和国家蒙受深重灾难。

南昌城头的枪声，点燃了积聚在民众心中的不屈之火；毛泽东在天安门城头的庄严宣告，让全世界都看到了孕育在中华民族之中的伟大力量；解放军将不可一世的美国军队从北打到南、从江边打回三八线，让世人真正见识了积聚在中国军人身上的无限能量。

英雄是图谱中的精神坐标，崇尚英雄方可砥砺前行。

在波澜壮阔的历史长河中，一代代中国共产党人怀着崇高的理想、坚定的信念、不屈的灵魂，不为钱、不为官，不怕苦、不怕死，团结带领中国人民朝着共产主义这个伟大理想执着前行。几经挫折而不断奋起，历尽苦难而淬火成钢。无论是逆境还是顺势，无论是战斗还是工作，远大的革命理想和执着的革命信念，始终在共产党人的身上如影随形，闪耀着火热的光芒。

但行此事，不问前程。对真理舍生忘死的追求，是革命军人最宝贵、最根本的传统。在历尽艰险、一往无前的历史征程中，英雄的身影不计其数。为了革命的胜利，很多人却没有活到胜利那天。能让人回忆起的，是一个个身着褴褛军装、身后硝烟弥漫的身影。他们义无反顾地冲进了历史的舞台，带着无尽的豪情湮没在历史之中。这些人是真正的英雄，是我们党、军队和民族真正的脊梁。

"自知者英，自胜者雄。"重温战争，就是要让读者、作者一起再重温英雄的人民走过的历程，重温一个人、一支军队、一个民族无论何时都需要的英雄主义气概。我们对革命历史给予中华民族的精神财富的知晓程度，很大程度上决定了我们未来能走多远。新中国成立前夕，毛泽东同志冷静告诫：夺取全国胜利，这只是万里长征走完了第一步。67年后的六盘山上，习近平同志郑重强调：我们每代人都要走好自己的长征路。今天的中国，不再只是"中国之中国"、"亚洲之中国"，更与世界前途息息相关。中国人民完全有信心为人类对更好社会制度的探索提供中国方案，也完全有能力沿着中国道路实现民族复兴，夺取新长征的胜利。

人民是推动历史前进的真正动力。

人民群众中蕴含着无尽的智慧和力量，相信人民，依靠人民，才能凝聚起众志成城的磅礴之力。中国人民解放军的斗争史，就是一部军民鱼水情深的历史长卷。长征中，在湖南汝城县沙洲村，3 名女红军借宿徐解秀老人家中，临走时，把自己仅有的一床被子剪下一半给老人留下了。老人说，什么是共产党？共产党就是自己有一条被子，也要剪下半条给老百姓的人。

水能载舟，亦能覆舟，与人民风雨同行，才能到达理想的彼岸；老百姓是天，老百姓是地，只有倚天靠地，才能让事业之城永固。与人民风雨同舟、血脉相通、生死与共，是人民军队赢得最终胜利、战胜艰难险阻的根本保证。中华儿女万众一心、团结奋斗，是推动实现中华民族伟大复兴的磅礴伟力。

文以载道。只有浴血奋斗的红色记忆代代相传，继往开来，伟大的事业才能生生不息。有人说：年代越久远，历史越模糊。其实历史并没有模糊，它一旦发生，就永远定格在那一瞬间，真正模糊了的，是后人应该擦亮的双眼。如果鲜活的片断、多彩的人物仅仅停留在教科书上，成为格式化、概念化的符号和文字，那就远远失去了它本应有的含义，更不可能让后来者看清、看透。

在人民解放军建军 90 周年之际，上海人民出版社推出这套胜利丛书，力求用鲜活的文字语言、权威的数据资料、珍贵的历史照片，全景展现人民解放军历史上的经典战事，尽最大可能还原历史真实瞬间、讲述军史传奇故事，是爱好军史、崇尚正义的人们一份可口的精神食粮。愿借此与读者共同走近历史、走进历史。

是为序。

目 录

前　言

第五次战役结束后，中国人民志愿军与朝鲜人民军把敌人从鸭绿江边赶回到了"三八线"，并把战线稳定在"三八线"附近地区，此时，停战谈判提上了双方的日程，朝鲜战争进入了战略相持和边打边谈的新阶段。

为了配合军事分界线问题谈判，中国人民志愿军和朝鲜人民军相继进行了1951年夏秋防御战役和反"绞杀战"。

1951年夏秋防御战役，是中国人民志愿军和朝鲜人民军依托野战工事抗击"联合国军"局部进攻的作战。这次战役于1951年8月18日开始，至10月22日结束，共毙伤俘敌15.7万余人。这次战役的胜利迫使美方不得不恢复停战谈判，并放弃了其无理要求。

反"绞杀战"，是中国人民志愿军和朝鲜人民军为粉碎"联合国军"发动的以摧毁朝鲜北方铁路系统为主要目标的"空中封锁战役"，保障交通运输而进行的斗争。这场斗争于1951年8月开始，至1952年6月结束。在长达10个月的斗争中，志愿军后方部队和朝鲜军民一起，以无比顽强的战斗精神和不屈的斗争意志，不仅粉碎了"联合国军"的"空中封锁"，而且在斗争中建成了打不烂、炸不断的"钢铁运输线"，基本解决了作战物资的运输补给问题，为夺取抗美援朝战争的最后胜利奠定了坚实的基础。

为了配合战俘问题谈判，中国人民志愿军和朝鲜人民军先后进行了上甘岭战役、1953年春反登陆作战准备和1953年夏季反击战役。

上甘岭战役，是中国人民志愿军和朝鲜人民军为粉碎"联合国军"发动的"金化攻势"，在朝鲜金化以北上甘岭地区依托坑道工事，进行的坚守防御作战。这场战役于1952年10月14日开始，至11月25日结束。此役共毙伤俘敌2.5万余人，粉碎了"联合国军"的"金化攻势"，创造了现代战争史上坚守防御作战的范例。

1953年春反登陆作战准备，是中国人民志愿军和朝鲜人民军为粉碎"联合国军"在朝鲜东西海岸实施两栖登陆企图，而进行的一系列反登陆作战准备行动。这次反登陆作战准备于1952年12月开始，至1953年4月结束。它的胜利完成，使志愿军和人民军的整体防御能力大大增强，彻底解决了志愿军和人民军的后顾之忧，使美国大规模军事冒险计划胎死腹中，同时也为我夏季反击作战创造了条件。

金城战役，是志愿军1953年夏季反击作战的第三次进攻战役，也是抗美援朝战争的最后一次战役，进攻目标为朝鲜金化以南地区南朝鲜军4个师的防御阵地。这次战役于1953年7月13日开始，至7月27

日结束。此役，共毙伤俘敌 5.3 万余人，重创了南朝鲜军 4 个师，给了南朝鲜军以沉重打击，有力地促进了朝鲜停战的实现，同时，加深了美国同南朝鲜当局的矛盾，对维护朝鲜半岛战后局势稳定发挥了重要作用。

　　抗美援朝第二阶段的作战，敌我双方都是以配合停战谈判为基本作战目的，充分体现了军事斗争与停战谈判密切配合的特点，是典型的军事政治仗。

交战时间	1951 年 8 月 18 日—10 月 22 日
交战地点	三八线至"三八点五线"之间地区
交战双方	1. 夏季防御战役

交战双方

1. 夏季防御战役

我方：中国人民志愿军第 19 兵团第 47 军、第 64 军，第 9 兵团第 26 军、第 27 军，第 42 军；朝鲜人民军第 2 军团、第 3 军团、第 5 军团。

敌方：美第 10 军第 2 师，美陆战第 1 师，南朝鲜第 7 师、第 8 师，南朝鲜第 1 军首都师、第 11 师，南朝鲜军第 5 师

2. 秋季防御战役

我方：中国人民志愿军第 19 兵团第 47 军、第 64 军、65 军，第 20 兵团第 67 军，第 9 兵团第 26 军，第 42 军，第 68；朝鲜人民军第 2 军团、第 5 军团

敌方：美第 1 军，辖美第 3 师、美骑兵第 1 师、英联邦师、南朝鲜第 1 师，美第 9 军，辖美第 7 师、第 24 师、第 25 师、南朝鲜第 2 师、第 6 师，美第 10 军，辖美第 2 师、南朝鲜第 5 师、第 8 师，南朝鲜第 1 军首都师、第 9 师

指挥将领	彭德怀、杨得志、杨成武；李奇微、范佛里特
交战装备	我方：苏军 1 个歼击航空兵军（主要装备米格 -15）参战，志愿军 2 个歼击机师、1 个轰炸机团、1 个强

打破"海空军优势补偿论"

——1951 年夏秋防御战役

击机团参战，飞机（主要是图-2 轰炸机和米格-15 歼击机）200 余架，36 个师已装备苏式步兵轻武器，第二批 60 个师的苏式装备开始逐步装备，同时使用日制 38 式步枪、美式 M2 重机枪、M1 伽兰德半自动步枪、M1 卡宾枪、汤姆森冲锋枪等轻武器，各种火炮（60 毫米炮、92 毫米步兵炮、火箭炮、迫击炮）3 000 门（其中榴弹炮 320 门、高射炮 36 门），100 挺左右的高射机枪，反坦克武器主要是火箭筒、反坦克地雷和燃烧瓶，运输车不足 700 辆

"联合国军"：美式 M2 重机枪、M1 伽兰德半自动步枪、M1 卡宾枪、汤姆森冲锋枪等步兵装备，各型军舰（航空母舰、巡洋舰、战列舰、驱逐舰、登陆舰、扫雷舰）200 余艘，各种作战飞机（舰载的 F9F 海盗和 F4U 豹式战斗机，AD 天空强盗轰炸机，空军 F-80C "流星"战斗机、F-82 全天候战斗机、P-51 野马战斗机、B-29 空中堡垒远程轰炸机、B-26 轰炸机、RF-80A 照相侦察机、RB-29 空中侦察机、T-6 蚊式战术控制飞机、C-46、C-47、C-54、C-119 运输机）1 100 余架，各种火炮 6 049 门（其中 70 毫米以上口径火炮 2 300 余门）、各种汽车 26 000 余辆

| 交战结果 |

粉碎了"联合国军"夏秋季攻势，迫使美方恢复了停战谈判，并最终放弃了关于军事分界线的无理要求

在"文斗"方面，我方有理。在"武斗"方面，我方亦有办法，依托坚固的阵地，用"零敲牛皮糖"的办法，一口一口地吃掉敌人，积少成多，合起来就是一个很大的数字。

1

到 1951 年 6 月，经过五次战役的较量，中国人民志愿军与朝鲜人民军共计歼灭敌军 23 万余人，把敌人从鸭绿江边赶回到了三八线，并把战线稳定在三八线附近地区，战争开始转入相持阶段。

这个时候的朝鲜战场，敌我力量逐渐趋于均势。从兵力数量来看，"联合国军"总兵力已增至 69 万多人，其中，地面作战部队有美军 6 个师和 1 个空降兵团、南朝鲜军 10 个师和 1 个海军陆战团、英军 2 个旅、加拿大和土耳其各 1 个旅，以及其他国家军队共计 55.4 万人。中朝军队的总兵力亦增加到 112 万人，其中，中国人民志愿军为 77 万余人，朝鲜人民军为 34 万余人，计有志愿军 14 个军、10 个炮兵师、2 个坦克团，人民军 7 个军团。[①] 单从兵力数量来说，中朝军队占优，

① 军事科学院军事历史研究部：《抗美援朝战史》，军事科学出版社 1988 年版，第 159 页。

但从武器装备方面看，"联合国军"占有明显优势。这时的"联合国军"地面部队，装备坦克1 130余辆、装甲车490余辆、轻迫击炮及以上火炮3 720门、3.5英寸火箭筒约7 080具。空中力量，作战飞机已增至1 700余架。海军力量，作战舰艇已增至270余艘，另有5艘航空母舰支援作战。而中朝军队只有少量的坦克和飞机，火炮的数量、质量也远不如"联合国军"。总的来看，中朝军队和"联合国军"各有优劣，总体实力趋于均衡。

"联合国军"虽然在技术和装备方面占有绝对优势，但由于兵力捉襟见肘和中朝军队的顽强抵抗，"联合国军"想迅速占领整个朝鲜的目的已经不可能实现，甚至，在三八线一带保持明显优势也变得越来越困难。

中朝军队由于步兵占有巨大优势，再加上顽强的作战精神和有利的地形，作战能力不容小视，"联合国军"凭借现有力量，再像战争初期那样长驱直入已经不可能了。同样，中朝军队虽然炮兵、坦克部队和后勤保障工作也得到了一定加强，但由于武器装备敌优我劣相差悬殊，制空权、制海权掌握在敌人手里，我军白天行动敌情顾虑较大，部队机动和物资供应均受到很大限制，难以充分发挥我军运动战和连续作战的优势，因而，中朝军队也不可能在短时间内从根本上解决朝鲜问题。

面对这种情况，敌我双方都开始在更深层次上审视这场战争，都在思考下一步该怎么办。

美国是一个领导欲望很强的国家，同时也是一个利益至上的国家，它的每一项重大决策，特别是战争决策最终都会回归到这一理念。二战以后，大战期间结成的同盟国很快分崩离析，美国转而奉行遏制社会主义的政策，纠集英、法等国谋求建立美国主导下的世界新秩序，为其称霸世界服务。从当时的世界格局看，美国称霸世界的关键在欧洲，主要障碍是苏联，所以，这一时期美国的战略重心在欧洲，而不是在亚洲，美国的主要战略对手是苏联，而不是中国和朝鲜。然而，自武装入侵朝鲜以来，美国动用了陆军总兵力的 1/3，空军总兵力的 1/5，海军总兵力的 1/2，并动员了英、法等欧洲盟友卷入战争，在将近一年的时间里，以美国为首的"联合国军"除了损兵折将损失惨重外一无所获。现在，战争陷入僵局，胜利遥遥无期，对于美国来说，现在的朝鲜战争正在成为一块鸡肋，就像魏德迈在 1951 年 6 月美国参议院军事委员会和外交事务委员会举行的听证会上所说的那样，"朝鲜战争是一个无底洞，看不到'联合国军'有胜利的希望。"[①] 这显然不符合美国的战略利益，也无益于美国全球战略重点的稳固。关于这一点，美国总统杜鲁门讲得也很坦率，他说："美国的主要敌人正端坐在克里姆林宫里……只要这一敌人还没有卷入战场而只在幕后拉线，我们就决不能将我们再度动员起来的力量浪费掉。"[②] 种种迹象表明，五次战役后，不想陷入战争泥潭的美国开始寻求通过谈判来解决朝鲜问题，以实现其所谓"光荣地停战"。

5 月 16 日，美国国家安全委员会向杜鲁门总统提出争取谈判解决朝鲜问题的建议。第二天，杜鲁门总统就批准了这个建议。

5 月 31 日，美国国务院顾问、前驻苏联大使凯南在非正式拜会苏

---

① 美新处 1951 年 6 月 12 日电讯。
② 《杜鲁门回忆录》第 2 卷，世界知识出版社 1965 年版，第 534 页。

联驻联合国代表马立克时表示，美国政府准备与中国讨论结束朝鲜战争问题，愿意恢复战前状态。

6月23日，马立克在联合国新闻部发表演说，建议朝鲜交战双方谈判停火与休战，把军队撤离三八线作为解决朝鲜武装冲突的第一步。

两天后，杜鲁门在美国田纳西州表示："愿意参加朝鲜问题的和平解决。"同日，中国《人民日报》发表社论：表示中国人民完全支持马立克的建议，并愿为其实现而努力。

6月30日，"联合国军"总司令李奇微奉美国政府之命发表声明，同意进行停战谈判，并建议谈判在元山港的丹麦伤兵船上举行。

第二天，金日成和彭德怀通过广播答复：同意进行谈判，建议把双方会晤地点改在三八线上的开城地区。

7月8日，双方联络官商定了谈判日期和代表团成员。

7月10日，朝鲜停战谈判在开城来凤庄正式开始。自此，朝鲜战争进入了长达两年之久的军事斗争和政治斗争相互交织的边打边谈的新阶段。

2

对于停战谈判，美国人的心里是矛盾的。美国政府既不愿意继续付出巨大代价去打一场看不见希望的战争，又不想公平合理地实现停战，而是想"光荣地停战"，即在不管是既得利益还是未来发展都对美国有利的条件下停战。为达此目的，美国人一方面在谈判中采取强硬态度，另一方面，积极备战，随时准备对我发动进攻。

7 月 26 日，双方通过谈判议程，共五项：（一）通过议程；（二）确定双方军事分界线，以建立非军事地区；（三）在朝鲜境内实现停火与休战的具体安排；（四）关于战俘的安排问题；（五）向双方有关各国政府建议事项。①

7 月 27 日，实质性谈判开始。一进入第二项议程，即确定军事分界线时，双方就出现了巨大的分歧。朝中方面基于战前朝鲜半岛现状、当前态势和谈判前各方立场，提出以三八线为军事分界线。这个提议公平、公正、合理，有益于朝鲜半岛长期和平稳定，但美韩却坚决拒绝了这一合理提议，并以所谓"补偿"其海、空军优势为借口，提出了"海空军优势补偿论"，要求军事分界线"应在鸭绿江上的空军及海军战线与开城、平康、北汉江区域的陆军战线的中间某处"②。这个方案意味着军事分界线将划到中朝军队阵地浅近纵深几十公里地区，"联合国军"将兵不血刃一举攫取 1 200 平方公里的土地。这一公然的讹诈当即遭到朝中方面的严词拒绝。美方首席代表乔埃恼羞成怒，狂妄叫嚣"让炸弹、大炮和机关枪去辩论吧！"

关于美国人为什么会在谈判中提出如此荒唐的要求，美国军史专家约瑟夫·格登，在《朝鲜战争》一书中曾有过表述。当时美国考虑

---

① 《人民日报》1951 年 7 月 27 日。
② 中共中央文献研究室：《毛泽东年谱》（第一卷），中央文献出版社 2013 年版，第 385 页。

的是，即使在朝韩之间建立一条宽 20 英里的非军事区，"联合国军"仍能够有效控制"堪萨斯线"的有利阵地，以保证对中朝军队的有利态势。这个表述与当时的战场情况是吻合的。堪萨斯防线，始于汉城以北32 公里的临津江口，沿着临津江的南岸向东北方向蜿蜒伸展，通过海拔逐渐升高的山地，在临津江穿过三八线的地方，堪萨斯线转向东，向华川水库延伸，然后越过南太白山脉折向东北，一直到三八线以北 40 公里的东海岸。从华川水库到东海岸的地形特别崎岖，山坡陡峭，几乎没有道路。有效控制堪萨斯防线对"联合国军"无疑是非常有利的。基于这样的考虑，"联合国军"提出这样的划界要求也就不难理解了。

虽然在谈判桌上双方各不相让，但自停战谈判以来，战场形势却一度趋向缓和。敌我双方的作战行动多是小规模的前哨战斗，战线比较稳定，基本上稳定在西起临津江口，向东经高浪浦里、涟川、铁原、金化、登大里、月山里、沙泉里至东海岸一线。

这一阶段，敌人采取的行动方针是：在谈判期间，不实施大规模的进攻行动，而力求通过强有力的巡逻和局部进攻来塑造有利态势保持战场主动，或借攻势行动对我施加压力；同时，美军还制订了向平壤、元山一线——朝鲜蜂腰部推进的所谓"势不可挡行动计划"，准备视停战谈判进展情况，随时对我实施全面攻势作战。为此，"联合国军"一面加强防御阵地，一面积极进行向我发动局部进攻的准备。到8 月中旬，敌人已经建立起了三道防线。第一道防线"耳明线"，为敌我双方接触线。第二道防线"怀俄明线"，西起铁原西南的 263.4 高地，东经读书堂下、地境洞、大成山到北汉江西岸之小高飞云伊，全长 60 公里，为中间阵地。第三道防线"堪萨斯线"，西起临津江口之鳌头山，沿江而上，经积城、道城岘、华川湖南岸、杨口、兜率山、山头谷山至东海岸杆城以北之马达里一线，全长 220 公里，为核心阵地。每道防线都构筑了坚固工事，埋设了大量地雷，架设了铁丝网。同时，敌人还积极扩建金浦、水原、大邱等原有机场，新建了瓦草里、东豆川、永平、麟蹄等十八处前沿机场，增辟了原州、镇海、群山、济州岛等 14 处海、空军运输补给基地。

在此期间，美军还有 6 个师、南朝鲜军有 4 个师先后撤至二线，进行了 1 至 2 个月的休整。7—9 月间，美、英、法等国军队还重新补充、轮换了近 19 万人。同时，美军还将空降第 188 团和 2 个轰炸机联队由美国本土调到日本，扩编了 3 个南朝鲜师，合编了 1 个英联邦师，以增强其机动作战力量。

"联合国军"通过上述措施作好了随时向我发动进攻的准备。

3

我军对停战谈判开始后可能出现的局面以及敌人可能的行动早有准备。早在停战谈判开始之前，中央军委和毛主席就提出了"充分准备持久作战和争取和谈，达到结束战争"[①]的指导方针和"持久作战、

---

① 中共中央文献研究室：《毛泽东年谱》(第一卷)，中央文献出版社 2013 年版，第359 页。

积极防御"①的战略方针，要求志愿军用自己的文武两手应对"联合国军"的文武两手，通过积极主动的防御作战不断改善战场态势，打破敌人的图谋。

为了贯彻中央军委和毛主席的决策指示，志愿军于6月25日至27日召开了志愿军常委扩大会议，会上彭德怀作了《今后的工作重点和部署》的报告。主要内容是：一、在全体指战员中普遍深入地进行长期作战的思想教育，克服速胜思想；二、在敌不增兵、不登陆的情况下，必须坚持三八线至"三八点五线"地区，并构筑三道防御阵地；三、今后我军作战方式为运动防御与反击相结合的拉锯战形式，即积极防御与短促突击的作战方式；四、在作战指导上，采取"零敲牛皮糖"的战术，即打小歼灭战的方针，每次战役的企图不要太大，以平均一个军歼灭美军一个营或南朝鲜军一个团为原则，积小胜为大胜；五、在两三个月内不进行大的反击战役。在停战谈判开始后，准备坚持以三八线为界来划分军事分界线，决定以18个军分两批轮番作战，第一线9个军担任正面作战，第二线9个军置于东西海岸与阳德、谷山地区进行休整训练，防敌登陆，部队以轮番和换班相结合的方式，坚持长期作战；六、努力改善技术装备，加强炮兵、坦克和空军的建设，加强后勤建设，改善供应运输条件。②这个报告总结了我军入朝以来的作战经验，部署了下一阶段的工作。

---

① 中共中央文献研究室：《毛泽东年谱》（第一卷），中央文献出版社2013年版，第359页。

② 王焰：《彭德怀年谱》，人民出版社1998年版，第507页。

至 8 月中旬，我军构筑完成了西起土城里，经松岳山、五里亭、平康、登大里、艾幕洞、西希里、沙泉里至东海岸之高城，东西绵延250 公里的第一线防御阵地。在西起南川店，经市边里、安峡、玉洞里、新城山、云磨山、乍德山、昌道里、龙门山、竹叶山、国土峰至东海岸高城，构筑了第二线阵地。完成了熙川、孟山至阳德中间运输线和佳丽州至昌道里、法洞里至淮阳运输线，完成了阳德、成川、遂安地区，新溪、伊川地区的仓库设施建设。完成了作战部署调整。西线以第 47 军、人民军第 1 军团各一个师进入开城及其以南地区，保卫开城谈判会场区域；中线以第 27 军接替第 20 军防务；原在西线的人民军第 6 军团调至东线化川里地区，以加强东线防御力量。同时，全军已进行了 1 至 2 个月的休整，补充兵员十余万人，并储备了一个月的粮弹。通过加强防御阵地，调整作战部署，我军进一步作好了防敌进攻和适时反击的作战准备。

4

军事分界线谈判陷入僵局后，为迫使中朝方面接受美方的无理要求，"联合国军"对我发动了夏季攻势。

夏季攻势的主要作战目的，是乘朝鲜遭受严重洪涝灾害物资供应极端困难之际，向人民军防守的东线（北汉江以东至东海岸）阵地发动进攻，企图切掉杨口以北人民军阵地的突出部，拉平登大里、五味里至芦田坪地段的战线，以与其中部战线取齐，改善"联合国军"东线防御态势，迫使朝中方面在谈判中让步。

这场战役从 8 月 18 日开始，9 月 18 日结束，持续时间一个月。作战过程分为两个阶段。

第一阶段，从 8 月 18 日开始，到 31 日结束。这一阶段作战的主要目的，是攻占水入川东岸至南江南岸地区，使东部战线更为坚固，同时夺取大愚山西侧高地，造成对"大钵盆地"的包围态势，为预定于 9 月间进行的进攻"大钵盆地"作战创造条件。为达此目的，"联合国军"以美第 2 师，南朝鲜军第 7、第 5、第 8、第 11 师和首都师各一部，约 3 个师的兵力，对人民军防守的东线阵地实施全面进攻。进攻重点为朝鲜人民军第 2、第 3、第 5 军团的接合部。在第 5 军团与第 2 军团的接合部，"联合国军"使用南朝鲜第 7、第 5 师各一部约 3 个团，美第 2 师 4 个营，在 40 多辆坦克的配合下，向第 5 军团正面项岭至第 2 军团右翼之后项谷 15 公里地段上阵地发起进攻，企图夺占 983.1 高地、940 高地和 773.1 高地，以屏障堪萨斯线，并对文登里形成瞰制。在第 2 军团与第 3 军团接合部，"联合国军"使用南朝鲜第 8、第 11 师及首都师各一部共 2 个多团，向第 2 军团左翼芦田坪至第 3 军团右翼新炭里 13 公里地段上阵地发起进攻，企图夺占 884 高地、924 高地和 965 高地，威胁人民军南江南岸阵地侧背。在其他地段上则以部分兵力实施助攻。

"联合国军"在进攻中，每天都有大量的航空兵、炮兵支援和坦克的配合作战，战斗异常激烈，在对 884 高地实施进攻时，美国海军甚至动用了"新泽西"号、"威斯康星"号战列舰 406 毫米的巨炮为南朝鲜军队提供火力支援，重达 1 吨半的炮弹几乎将人民军的阵地夷为平地。朝鲜人民军利用野战工事，进行了顽强的阻击和积极的反击，激战 3 天，敌人以极其惨重的代价，夺占我部分前沿支撑点。

8 月 21 日，由于伤亡惨重，"联合国军"被迫收缩战线，转入重点进攻，双方的争夺也更加激烈，有的阵地双方反复争夺达 10 余次之多。

至 8 月 24 日，朝鲜人民军阻止了敌人的进攻势头，共毙伤俘敌16 000 余人。

8 月 25 日和 26 日，朝鲜人民军第 2、第 5 军团为了夺回部分阵地，稳定防御态势，先后进行了两次局部反击。第 5 军团以第 6 师和第 12 师各 2 个团，反击进占杜密里以北之敌，第 2 军团以第 27 师，在第 5 军团第 6 师一部配合下，反击大愚山之敌。战至 27 日夜，第 5 军团先后收复了 983.1 高地、773.1 高地、752.1 高地、三台洞、陈岘、鸠岘等阵地。第 2 军团对大愚山之敌的反击，因敌以 1 个多团的兵力增援，实施连续反扑，根据上级指示，于 8 月 31 日主动撤出战斗。

夏季防御战役第一阶段的作战给"联合国军"留下了不可磨灭的历史记忆，983.1 高地——美军俗称"血岭"的争夺尤其让人无法忘怀。

983.1 高地位于大愚山和白石山之间，是一座孤立小山，但地理位置非常重要。在前期作战中，朝鲜人民军利用这个高地，不但对沿水入川和西川北上的两条公路进行了有效瞰制，而且，还在这个高地设置了观察哨，掌握了杜密岭一线"联合国军"行动的大量情报，并多次引导炮兵对"联合国军"进行火力打击。在夏季攻势中,"联合国军"视这一高地为"眼中钉",发誓一定要拿下这个高地。如果"联合国军"占领了这个高地,不但可以屏障堪萨斯线,增大防御纵深,而且,还可以威胁文登里对我后方进行扰乱。所以,在这个高地双方注定会有一场恶战。

夏季防御战役中,对这个高地的争夺异常惨烈。据美国战史记载,美军的7个炮兵营支援了对983.1高地的进攻,在4公里的进攻正面上美军摆了200门火炮,美军第2师师长拉夫纳少将告诉炮兵"在这次攻击中弹药没有限制"。后来日本人统计,在9天的战斗中(8月18日到27日),拉夫纳仅炮弹就消耗了36万发。双方士兵的鲜血染红了983.1高地附近的几座山头,美军随军记者在山脚下看到,血水把几座山头全部包裹住了,他们惊恐地大叫"Bloody Ridge"(血染岭)。血岭,这是美军的常用词,太平洋战争期间每当有高地出现激战时都会用上这个词,但这个称呼对983.1高地而言,早已超越了"激战之地"的原意,而是对战地惨状的真实写照。

到8月31日,第一阶段作战结束。这一阶段歼敌24 000余人,粉碎了"联合国军"的进攻企图。

第二阶段,从9月1日开始,到18日结束。在第一阶段的进攻中"联合国军"损失惨重收效甚微,没有达到预期作战目的。通过对第一阶段作战的反思,美军认为进攻受挫的主要原因是后期进攻被限定在局部地区,不能对朝鲜人民军整个防线形成整体压力,为了克服这一缺陷,实现既定作战目的,"联合国军"决定重新恢复对朝鲜人民军整个防线的进攻。为此，美第 10 军调整了部署。将预备队美陆战第 1 师由洪川调至第一线，接替了南朝鲜军第 8 师加田里以西部分防务，南朝鲜军第 8 师的防线则向北延伸至松支谷一线。同时，将位于县里地区的南朝鲜军第 5 师师部和一个团调至第一线，加上该师原配属给美军第 2 师的一个团，接替了美军第 2 师大愚山地区的防务，从而加大了其主要进攻正面上的兵力。具体部署：以美军第 2 师攻击 983.1、773.1 高地及以北 851 高地，以南朝鲜军第 7 师在 983.1 高地以西发起攻击，以南朝鲜军第 5 师攻击"大钵盆地"西北边缘高地，以美陆战第 1 师攻击"大钵盆地"东北高地。

为积极应对敌情变化和改善防御态势，朝鲜人民军也对作战部署进行了调整。朝鲜人民军以第 6 军团接替通川、高城至新炭里第 3 军团两个师的防务，第 3 军团向西平移至新炭里至西希岭地区，接替第 2 军团两个师的防务。这一调整缩短了第 2、第 3 军团的防御正面，加强了通川至西希岭一线的防御力量。

从 9 月 1 日起，"联合国军"各部，包括南朝鲜军第 7 师、美军第 2 师、南朝鲜军第 5 师、美陆战第 1 师、南朝鲜军第 8 师和南朝鲜军第 11 师，不断以营团规模的兵力，在坦克、炮兵和航空兵火力的支援下，向人民军 3 个军团整个防线发动了一连串的连续攻击。战斗非常激烈，特别是朝鲜人民军第 5 军团防守的项岭、杜密里以北 773.1 高地地区，第 2 军团防守的大愚山以北加七峰、1211 高地地区，第 3 军团防守的加田里以北地区争夺尤为激烈。战至 9 月 8 日，"联合国军"以惨重的代价，攻占了人民军部分前沿阵地，仍没有突破人民军的防线。

9月9日，"联合国军"被迫再次转入逐段重点进攻。重点进攻首先从黄基（加田里北5公里）至松鱼月4公里地段展开，南朝鲜军第8师每日以一个多团兵力对在该地段实施防御的人民军阵地实施连续攻击。在该地段防守的人民军第3军团一个团进行了顽强抗击，昼失夜反，给了敌人以重大杀伤。9月12日，该团向松鱼月南无名高地之敌反击，一举歼灭敌一个营大部。激战4天，南朝鲜军始终无法攻占人民军阵地。

9月13日，"联合国军"的重点进攻开始由黄基向道味岘一线延伸。美陆战第1师和南朝鲜军第8师集中了4个多团的兵力，在航空兵火力和猛烈炮火支援下，向道味岘至松鱼月12公里地段发动连续猛攻，激战一天，"联合国军"几乎毫无进展。与此同时，其左翼南朝鲜军第7师、美军第2师和南朝鲜军第5师各以1至2个营的兵力向杜密里以西581.7高地及其以北三台洞、894.3高地、930.6高地、加七峰以北高地实施连续进攻，虽然"联合国军"的攻势异常凶猛，但进攻行动收效甚微。

9月14日，"联合国军"开始对道味岘至芦田坪四公里地段实施进攻，每日以4至5个营的兵力进行轮番攻击。人民军第3军团顽强防守，敌连续攻击4天，仍寸步未进。战至9月18日，"联合国军"除了在杜密里以北851高地至1211高地地段继续保持进攻态势以外，其他地段的进攻都被迫停止。至此，夏季攻势第二阶段作战结束，这一阶段共歼敌22 000余人。

5

在东线朝鲜人民军抗击"联合国军"进攻的过程中，我志愿军第一线各军对当面敌军进行了坚决的战术反击，有力地配合了朝鲜人民军的作战。

9月1日至3日，与朝鲜人民军第5军团相邻的志愿军第27军，以3个团的兵力，在5个炮兵营火力支援下，向注坡里（金城以南）东西一线敌7处阵地实施反击，夺占其中5处高地，歼敌1 900余人。稳定了阵地，直接配合了朝鲜人民军第5军团作战。9月10日，第27军将防务移交给第67军。

9月5日，志愿军第64军1个团在1个坦克连、1个高炮营、2个炮兵团另1个营的支援下，向德寺里美军骑兵第1师前沿阵地发起攻击，激战1天，歼敌630余人。

9月6日，志愿军第47军一部对当面之338.1高地发起攻击，全歼守敌美军骑兵第1师1个连共120人。

同日，志愿军第26军一部分两路对当面西方山和斗流峰之敌发起进攻，激战一天，歼敌440余人，残敌弃守阵地南撤。

9月7日，志愿军第42军一部向中马山之敌发起攻击，歼敌50余人。

中国人民志愿军以积极主动的作战行动，配合了朝鲜人民军在东线的作战，占领了西方山、斗流峰等要点，改善了平康地区的防御态势，为下一步作战创造了有利条件。

在"联合国军"整个夏季攻势作战期间，人民军和中国人民志愿军英勇奋战，共歼敌 78 000 余人，粉碎了"联合国军"的进攻企图。

6

夏季防御战后期，为了有效应对敌人的进攻和准备对敌实施反击，志愿军进行了充分的作战准备。

9 月 4 日至 10 日，志愿军召开了由军以上干部参加的党委扩大会议，研究了朝鲜战争局势和下一步作战方针。会议指出：当前，美国还不愿意放弃战争政策，停战谈判一时尚难有明确成果。因此，我军必须加强作战准备，坚持持久作战。根据战场上敌我双方情况，会议还明确了下一步的作战方针。彭德怀司令员明确指出："朝鲜战场上阵地战的形式越来越明显，运动战的机会已日益减少，我们必须学会阵地攻坚与阵地防御，坚持持久作战。"[①] 这次会议统一了志愿军广大官兵的思想。

会后，志愿军各部队根据会议精神和要求全面加强了作战准备。加强了第一线和第二线阵地的工事，并着手构筑东西海岸纵深工事和第三线阵地的工事，志愿军司令部要求重要阵地特别是核心阵地必须

---

① 王焰：《彭德怀年谱》，人民出版社 1998 年版，第 518 页。

按隧道式据点的标准构建。加强了战场运输线建设，以保障供应运输顺畅。同时，为了增强防御力量，粉碎敌人可能的进攻，志愿军对作战部署进行了调整。以第 67 军接替第 27 军在金城地区的防务，第 27 军撤至马转里、阳德地区整补。给主要防御方向上的第一梯队各军加强 2 至 3 个榴弹炮兵团，1 个火箭炮兵团，1 个反坦克歼击炮兵团及 1 个坦克团。在便于敌坦克突入和空降的地区，各军均增强了防坦克火器和高射火器，设置了反坦克、反空降地域。

志愿军的这些准备工作为下一步作战打下了坚实的基础。

7

"联合国军"发动夏季攻势，主要的目的是通过局部强有力的进攻行动，向北推进两军实际接触线，以此压服人民军和志愿军，要挟中朝方面在谈判桌上作出让步，接受美方提出的军事分界线方案。但美国人过高地估计了"联合国军"的实力，过低地估计了朝鲜人民军和中国人民志愿军的作战决心和意志，"联合国军"在付出了沉重的代价后，其军事目的仍未能实现。这种情况并没有引起"联合国军"高层对军事分界线谈判问题的反思，反而变本加厉企图通过更大规模的进攻行动迫使中朝方面在谈判中让步。在 9 月 25 日的一份备忘录中，美国当局坚持认为"朝中军队在军事上还没有紧迫到最后关头，因此，没有理由改变谈判的基本路线"。这一判断为下一步的秋季攻势定下了基调，即继续通过军事进攻行动压服中朝军队。

为达此目的，1951年9月下旬，范佛里特制订了"兰格拉"（WRANGLER）计划。这一计划的主要内容是：10月中旬以美陆战第1师和南朝鲜军的1个师在朝鲜东海岸的库底、通川地区登陆。与此同时，以美第9军、第10军和南朝鲜第1军从正面发动进攻，前后夹击，歼灭朝中军队，将战线推进到平康—淮阳—库底一线。但是，范佛里特的"兰格拉"计划面临两个难题，一是这个计划需要有效控制和使用汉城—铁原—金化—金城—昌道的铁路，而铁原—金化段的铁路，却被占据了"铁三角"地带高大山岭的中国人民志愿军所控制，这对"联合国军"行动构成了巨大的威胁；二是要实现与在库底登陆的美军陆战第1师协同作战，美第9军必须经金城、昌道附近向朝鲜半岛东北部机动，此时，中国人民志愿军很可能会乘机对西部防线的美第1军发动进攻。为了解决这两个难题，范佛里特制订了一个前期作战计划——"大棒作战"计划。这一计划要求在发动"兰格拉"作战之前，美第1军、第9军首先在正面对志愿军防线实施有限目标的攻击，将战线向北推进约15公里，在击破志愿军可能发动的攻势的基础上保证铁原—金化段铁路线的安全。

单从军事角度看，"兰格拉"（WRANGLER）计划是一个很大胆的计划，如果这一计划成功，范佛里特可能会名扬世界，朝鲜战争的结局也可能会因此而改写，但范佛里特对"联合国军"的实力显然过于自信了，并且，他的计划与白宫的战略并不合拍。在"联合国军"总司令李奇微看来，"兰格拉"计划和"大棒作战"计划势必会引起"联合国军"与志愿军在"铁三角"地区的决战,而此时的杜鲁门要的是在利益最大化的情况下停战,而不是与中朝军队死磕。因此,李奇微没有批准这一计划,而是在几天后,批准了由美第 1 军军长奥丹尼尔提出的作为替代方案的"指令"作战计划。

"指令"作战计划设想:美第 1 军和美第 9 军的 1 个师,于 10 月初开始进攻,夺占志愿军防守的临津江左岸至铁原西一线阵地,将战线平推到"詹姆斯敦线",为"堪萨斯线"新添置一块突出部,以解除志愿军对涟川至铁原交通干线的威胁,同时从侧翼威胁开城。

"指令"作战计划被批准后,10 月 1 日,范佛里特下达了作战命令:

① 第 1 军从 10 月 3 日开始进行"指令"作战。

② 第 9 军以左翼之美第 25 师进行攻击,协同美第 1 军右翼的北进。

③ 美第 10 军于 10 月 5 日再次发动进攻,进攻文登里—1211 高地—南江弯曲部一线,修正战线之弯曲部分。

④ 南朝鲜第 1 军团在东海岸公路正面采取策应攻势,以便使第 10 军的攻势容易进行。

作战命令下达后,美第 9 军和第 10 军也很快作出了自己的进攻计划。美第 9 军拟以第 24 师、南朝鲜军第 2 师和第 6 师夺取金城以南一线高地。美第 10 军拟定了旨在夺取"伤心岭"的"底线得分"进攻计划,即在北汉江以东以美第 2 师、南朝鲜军第 5 师和第 8 师,继续夺取 851 和 1211 一线高地,并推进到文登里东西一线。

至此,"联合国军"的秋季攻势正式拉开了序幕。

8

9月29日，"联合国军"采取"逐段进攻、逐步推进"的战法，首先在西线开始了进攻，企图迫使我军放弃临津江左岸至铁原以西一线阵地，解除我军对涟川至铁原交通干线的威胁，并从侧翼威胁开城，为尔后夺取我开城要地创造条件。

当日，美第3师2个团，在100多门火炮和60辆坦克配合下，向我第47军阵地夜月山、天德山至大马里地段猛攻。在这一天的战斗中，敌向我阵地猛攻21小时，我防守夜月山的一个连，在炮火支援下连续击退敌人14次冲击，最后，由于工事全部被敌摧毁，阵地方被敌占领。此战，共杀伤敌人800余人，我坚守主峰的一个排全部壮烈牺牲。

10月3日，敌军集中美骑兵第1师全部、美第3师2个团、英联邦第1师，在200余辆坦克、300余门口径105毫米以上火炮和强大航空兵支援下，向我第64军、第47军防守的防内洞、高旺山、高作洞、天德山至大马里一线40公里正面发动了猛烈进攻。

第64军防御正面，进攻之敌为英联邦第1师和美骑兵第1师第5团一部。这是两支大名鼎鼎的王牌部队。英联邦第1师第28旅"皇家苏格兰团"有着悠久历史，是参加过第二次世界大战的精锐部队，连以上的军官大都在"二战"中立过战功，是世界公认的王牌部队。该师第29旅"二战"时曾在蒙哥马利元帅麾下立过赫赫战功，也是英

军中的精英部队。美军骑兵第 1 师更是了不得，这支华盛顿亲手打造
的"开国元勋师"，它的历史比美国历史还要长，在入朝作战前 160 多
年的历史中从来没有吃过败仗。但是，在英勇的中国人民志愿军面前，
所有这些王牌部队都被迫止住了前进的脚步。

在我第 64 军的防线上，英联邦第 1 师和美骑兵第 1 师第 5 团一部
集中力量主要向高旺山、马良山进攻。经过 5 天激战，在给敌人以重
大杀伤后，第 64 军防守部队主动撤至黄鸡山、基谷里、白石洞、伍炭
里一线继续防御。此战，我毙伤敌 2 600 余人，英联邦第 1 师因伤亡
过大被迫停止进攻。这次战斗非常激烈，我第 64 军表现出了极其强悍
的战斗作风。

据时任第 19 兵团司令员的杨得志将军回忆：

马良山三一七高地和二一六点八高地，仅四个小时的时间就
落弹两万多发，地面被削平一米之多。同时敌八架飞机轮番轰炸，
投掷凝固汽油弹，而后实施步兵进攻。我有的工事虽遭破坏，但
我指战员仍顽强抗击，白天利用弹坑战斗，夜间组织反冲击。

守卫在二一六点八高地的五七一团七连，在副连长阎志钢的
带领下，打退了敌人二十三次集团冲锋。英联邦二十九旅丢下了
六百多具尸体。守卫在另一高地的一等功臣班全班负伤，弹药将
尽，仍继续抗击，全歼敌人一个连。电话员朱德禄二十七次接通
被炮弹炸断的电话线。最后一次查线时左手四个指头被打断。他
忍着剧痛以牙代手，接通了线路，保证了指挥所的指挥，使前沿

◇ 第47军第141师第422团第5连，坚守天德山阵地，歼敌800余人，荣获"天德山英雄连"光荣称号

部队获得了杀敌一百五十多名的胜利。

敌人逐点攻击，我军逐山坚守，经过节节抗击，反复争夺，每个高地前面都横七竖八躺满了敌人的尸体。后来"志司"首长表扬马良山阻击战是"一座山岭一个堡垒"。①

在第47军防御正面，进攻之敌为美骑兵第1师、美第3师等共5个多团的兵力，其进攻重点首先是指向天德山及其以西418高地。我防守阵地的第141师1个营，每天抗击敌人2个步兵团的连续进攻，平均击退敌10余次冲击。10月6日以后，敌开始每天以一个团以上

———————

① 杨得志：《杨得志回忆录》，解放军出版社2011年版，第481页。

的兵力，在大量火炮、坦克、飞机支援下，逐点攻击我 334 高地至高作洞地段。我第 47 军防守部队在该地段与敌展开反复争夺，给了敌人大量杀伤。18 日，我主动放弃该线阵地。

47 军防守部队官兵以自己的勇敢和智慧赢得了战斗胜利，也赢得了志愿军首长甚至对手的赞誉。时任第 19 兵团司令员的杨得志在他的回忆录中写道：47 军打得很好。他们以坚决的抗击与连续的反冲击大量杀伤敌人。每一阵地均经数次至十数次反复争夺。射击英雄郑月光一天中就击毙敌人 112 名。守卫在某高地上的七班，巧妙地躲过敌人上千发炮弹，击退敌一个营的 7 次冲击。我俘虏的美炮兵校正机驾驶员西弗冷说："当我在空中侦察时，你们的阵地真变成一片焦土了。而在我被俘的时候，我才看到遍地是你们的人。"①

以 47 军的胜利为标志，敌在西线发动的攻势被迫停止。西线防御作战，我共毙伤敌 22 000 余人，敌仅前进三至四公里。

9

10 月 5 日，在西线之敌转入重点进攻之时，东线美军第 2 师 2 个团、南朝鲜军第 8 师 1 个团，向人民军第 5 军团正面的文登公路两侧防御阵地发起进攻。鉴于人民军第 5 军团久战疲劳损失较大，志愿军

---

① 杨得志：《杨得志回忆录》，解放军出版社 2011 年版，第 480 页。

司令部决定以第 20 兵团第 68 军接替人民军第五军团防务。接防行动从 10 月 7 日开始，至 10 月 10 日，第 68 军全部接替了人民军第五军团西起北汉江东岸至文登里以东 635.8 高地一线的防务。

在东线，第 68 军的防御重点是坚守文登里至杨口公路一线，第 68 军抗击"联合国军"进攻的战斗主要在文登里地区展开，其中，最经典的战斗是文登里地区反坦克作战，以我军的重大胜利被载入史册。

文登里位于金刚川与杨口郡之间，东依加七峰，与被敌称之为"伤心岭"的 851 高地相邻，西靠鱼隐山。因该地域内有一片南北走向约 3.5 平方公里的川地，故亦称文登川，美军称之为"蒙德尼山谷"。山谷中有末辉里至杨口公路，直贯敌我纵深，便于机械化部队机动，"联合国军"一旦从这里突破，将在我防线上打开一个缺口，对我实施纵深突贯，这样整个东线战场的态势就将发生变化，对我十分不利。文登里，敌必攻，我必守，因此，这里必然会有一场恶仗。

"联合国军"对文登里进攻的方式是"坦克劈入战"，其主要作战方法：每次以 20 至 40 辆坦克组成一个集群，在大量飞机掩护和步兵、工兵伴随下，一面以阵地上的火炮和坦克炮实行密集轰击，一面沿山路迂回割裂志愿军前沿各个高地的防御阵地，再由其步兵进行"逐山占领"。美军之所以选择这种方法，主要是欺我志愿军反坦克火力弱，很难对坦克集群构成威胁。

在文登里，面对有勇有谋的志愿军，"联合国军"还是失算了。

早在第 68 军接防之初，第 20 兵团就对文登里地区的地形特点及
"联合国军"可能采取的战术进行了认真的研究，作出了反坦克对我阵
地稳定具有特别重要意义，要特别注意防止敌集群坦克进攻的判断。
基于此判断，兵团司令部专门发出了反坦克的战术指示。强调大力构
筑工事，做到工事与火力（包括反坦克地雷）结合，勇敢与技术结合，
以相互弥补不足；防坦克壕、战壕、交通壕互相贯通，以利于反坦克
小组机动灵活地作战；打坦克与打步兵结合起来，以对付敌人的连续
进攻。①

第 68 军坚决贯彻了兵团作战意图与指令。在其防御区域构设了以
鱼隐山为核心的主阵地，在文登里地区设置了障碍、火力、兵力相结
合的反坦克区，一切俱备，专等敌人上钩。

从 10 月 8 日起，美军第 2 师（附法国营）、南朝鲜军第 8 师全
部，在大批坦克引导下，向第 68 军防守部队阵地发起猛攻。

10 月 11 日，美军第 2 师 10 余辆坦克在飞机、火炮支援下，引
导步兵向第 68 军 610 团阵地进攻。志愿军沉着迎战。首先，以加农
炮、山炮实施直瞄射击，待敌坦克靠近，以隐蔽的无后坐力炮和火箭
筒前出实施抵近射击。同时，打坦克小组迅速前出，在近距离上，以
手雷攻击坦克。此战，击毁敌坦克 2 辆，击伤 3 辆，打退了敌人的
进攻。

10 月 12 日，美军首先以航空兵和炮兵火力对 610 团防御前沿及

---

① 杨成武：《杨成武回忆录》，解放军出版社 2014 年版，第 672 页。

纵深阵地进行攻击，尔后以30余辆坦克对610团前沿阵地进行了约1个小时的破坏射击，然后，集中48辆坦克在炮火掩护下，成梯队引导步兵向610团阵地发起冲击，企图一举突破我防御阵地。这一天的战斗很激烈，防守阵地的610团官兵勇敢顽强与敌人斗智斗勇，取得了重大胜利。当时的一份作战记录详细地记录了这一天的战况：

七时——敌第七十二营和战车三十一大队进至杨村地区，坦克约七十八辆。

八时——敌仍以两个连的兵力，继续向我"六三五点八"高地攻击。

八时三十分——敌机开始出动，先后十六架次，对我纵深柏砚岭、大酒店地区轮番轰炸。

敌炮兵对我重要地段实施摧毁性射击。

敌坦克三十辆展开于杨村北侧，对我公路两侧阵地炮击一小时之久。

十时——敌坦克四十八辆展开成人字形，以此进彼打、互相掩护、交替前进的战术，在其炮兵护送射击的配合下，沿公路两侧向我纵深方向楔入。干率里之敌第二十三团开始向盂岩运动，企图借坦克之势向我纵深突击。

十一时——敌坦克进至下深浦我反坦克区，我采取打头、截腰、斩尾的打法，对敌坦克予以猛击，击毁三辆，击伤四辆。敌遭我打击后，以坦克炮火压制我阵地，掩护其抢修被我击伤的坦克，其余的仍继续前进。此时，我除两侧阵地火力对敌射击外，"七六点二"野炮分队奉团的命令进至前进发射阵地，以直接瞄准射击阻敌前进。进至下深浦以北约七百米处的敌先头坦克，被我击毁二辆。

激战到十六时——敌坦克又被我击毁三辆、击伤二辆，敌见势不利，即施放烟幕调头逃窜。我反坦克分队的一个班长（靳秉奎）和一个排长（杨仁芳），利用山脚有利地形击毁坦克二辆；我步兵二营反坦克小组以手雷击伤二辆回窜的坦克。

十七时——突入我防御地域之敌败退，丢弃坦克十八辆。其中十辆被击毁，八辆被击伤。此后，敌对我进行长达一小时的报复性炮击，落弹二千多发，我部分工事被炸毁。①

从当时的技术水平看，一战击毁击伤敌坦克 18 辆，胜利无疑是重大的，令人鼓舞的。

10 月 14 日，美军再次发动进攻，8 辆坦克交替掩护攻击前进。进到志愿军阵地前 200 米处，志愿军隐蔽配置在附近的反坦克大队无后坐力炮突然开火，击毁其中 1 辆，接着转移到预备发射阵地，向冲击的坦克抵近射击，又击毁 3 辆。其余 4 辆坦克，在回撤途中被反坦克大队以火箭筒、手雷、爆破筒和地雷全部击毁、击伤。

此后，美军坦克改变战法，沿公路两侧的河边、沟渠、稻田，采

---

① 杨成武：《杨成武回忆录》，解放军出版社 2014 年版，第 674 页。

取逐段破坏、逐段前进的战术继续进攻。志愿军反坦克大队调整部署，将反坦克火器前推至防御前沿，同时，在敌坦克可能出没的地方大量埋设地雷，至 20 日，又炸毁敌坦克多辆，有效地遏制了美军坦克的进攻。

在文登里反坦克作战中，志愿军第 68 军创造了 13 天击毁敌坦克 28 辆、击伤 8 辆、毙伤敌 7 600 余人的辉煌战果，挫败了美军的"坦克劈入战"，阻止了敌人的进攻，粉碎了敌人夺占文登里的企图。

10

在我第 68 军正面之敌把进攻重点转向文登公路以西的同时，从 10 月 13 日开始，"联合国军"以美军第 7、第 24 师，南朝鲜军第 2、第 6 师共 4 个师的兵力，在 14 个炮兵营、200 余辆坦克及大量航空兵支援下，向我第 67 军西起芳通里（金化东北 7.5 公里）、东至旧岱以南 24 公里的防御正面发起猛攻。企图摧毁我 67 军的防御，然后夺取金城、昌道里，控制淮阳，进而东出元山，配合西线部队将中朝军队赶至北朝鲜中部蜂腰地带以北，以缩短其防御正面并建立坚固的防线，阻止我军今后可能的反击，为其以后大举北犯创造条件。

进攻开始后，敌人首先进行炮火准备，向我前沿阵地足足轰击了两个半小时，然后，敌人利用炮火准备效果分多路向我各阵地发起冲击。由于这一地区道路、山沟较多，便于机械化部队行动的条件，敌人广泛采取了以大量坦克引导步兵实施战术迂回的战法，首先对我防守阵地实施密集火力准备，然后集中兵力实施轮番攻击。敌每天发射炮弹达50 000至100 000发，出动飞机最多时达130架次，我第67军配属炮兵6个营依托阵地顽强阻击，战斗十分激烈。在战斗中，该军特别注意了对敌坦克的作战，第一梯队师、团均组织了反坦克部队，在便于敌坦克通过的道路上均设置了大量的防坦克障碍物，从而有效地抗击了敌人的进攻，迫使敌坦克不敢大胆楔入，并给了敌以大量杀伤。鏖战三天，我即毙伤敌17 000余人，敌仅前进2公里。美军第7师因伤亡惨重，被迫于15日撤至二线休整。

敌全面进攻受挫后，从16日起，被迫转为集中兵力、火力对我金城以南地区若干要点逐次进行重点攻击，主要目标为月峰山、602.2北无名高地、梨船洞东北无名高地、芦洞里北山等要点。

为了加强防御，16日夜，志愿军第67军经兵团首长同意调整了部署：以第201师接替了第199师防务，以兵团预备队第68军之第203师接替了第200师防务，并调兵团预备队第68军之第202师（欠一个团）进至炭甘里（金城以北六公里）地区作为第67军预备队。

敌转入重点进攻后，战斗更加激烈。敌对每一重点目标的进攻均使用了2个营以上的兵力，进行支援的坦克少则20辆，多则40至60辆；对每一阵地发射炮弹少则10 000发，最多达30 000发。我防守部队依托工事顽强战斗，昼间抗击，夜间反击，与敌进行反复争夺。

在梨船洞重点地区的战斗中，我防守部队 3 个连，从 15 日起，抗击了敌人 1 至 3 个团连续四昼夜的轮番攻击，毙伤敌达 4 000 余人。我伤亡 600 余人。

19 日以后，敌之进攻能力已逐渐减弱，不得不削减进攻目标，改为集中攻我 552.8 高地、烽火山、轿岩山等少数要点。激战至 21 日，敌人在付出了重大伤亡后，先后占领上述要点。22 日，敌之进攻被击退。

我在金城以南地区与敌激战 10 昼夜，共毙伤敌 23 000 余人，击毁敌坦克 19 辆，击伤 8 辆。

至此，敌之秋季攻势被彻底粉碎。

"联合国军"发动的"秋季攻势"，虽然突破了我部分阵地，夺占了 467 平方公里的土地，但却付出了惨重代价，在一个多月的秋季防御作战中，被我毙伤俘敌 79 000 余人。从总体效果看，远没达到迫使中朝方面在谈判中让步的目的。这种得不偿失的进攻在美国国会引起了强烈的不满，进攻受挫的"联合国军"最终不得不重新回到谈判桌上来。

1951 年夏秋防御战役，是中国人民志愿军和朝鲜人民军为了粉碎敌人在停战谈判中的军事讹诈，在三八线附近地区，依托野战工事抗击"联合国军"发动的局部攻势的作战。

这次战役，是在中朝军队刚刚转入阵地防御，工事不坚、洪水为患、后方交通遭严重破坏、供应困难等极为艰苦的条件下进行的。在这种情况下，中朝军队以无比顽强的战斗意志和战斗精神，连续进行了 3 个多月的作战，歼敌 15.7 万余人，粉碎了敌人的进攻，迫使美方不得不放弃无理要求再次回到谈判桌上。这次战役的主要经验：

科学判断形势发展并预做准备是争取战场主动权的重要前提。凡事预则立，不预则废。即使在极端困难的情况下，中朝军队还是取得了夏秋防御战役的胜利。第五次战役之后，朝鲜战场交战双方在三八线附近地区形成对峙，战局出现缓和趋势，经过相互摸底的双方都意识到仅仅通过军事行动很难解决朝鲜问题，谈判将是一个必然的选择，但是，双方选择停战谈判并不一定意味着放弃军事斗争。对此，中央军委和毛泽东主席十分清醒，并预做了准备。一是及时指出"必须准备对付在谈判前及谈判期内敌军可能对我来一次大的攻击，在后方则举行大规模的空炸，以期迫我订立城下之盟"，要求我军必须"极力提高警惕"，"积极注意作战"；二是在停战谈判开始后明确指出，敌人对我发动新的进攻的威胁严重存在，要求得朝鲜问题的真正解决，唯有经过斗争，给予敌人以更加有力的打击；三是我军利用这一段缓和期进行充分的作战准备。在部队中广泛开展了长期作战的教育，抓紧补充 10 万兵员，增调第 20 兵团和预备炮兵 5 个团入朝参战。在部分步兵师中，先后组建了高炮营，以增强对空作战力量。与此同时，抓紧后勤建设，健全后勤指挥机构，抓紧时间进行针对性战法训练等等。正是因为做了大量的预见性的工作，当敌人向我发起新的猛烈进攻时，我军才能沉着应对。

灵活的作战指导为达成作战目的提供了重要保证。1951 年夏秋防御作战，虽然是带有坚守性质的阵地防御战，双方的对抗性非常激烈，但是这次战役仍然是配合停战谈判的一种手段，并不是两军决战。志愿军和朝鲜人民军在战役中的最重要目的，一是保住重要阵地，二是最大限度地减少损失和伤亡。保住重要阵地有利于军事分界线的谈判，减少损失和伤亡则有利于下一步作战。为此，我军制定了"坚持防御，节节抗击，反复争夺，歼灭敌人"的作战方针。一方面，对每一阵地坚持防御，绝不轻易放弃；另一方面在敌猛烈火力的攻击下，为减少伤亡，避免人地两失，在给予敌以大量杀伤后，适时后撤到新的阵地，节节抗击敌人，并适时进行反击，夺回失去的阵地。实践证明，这种灵活机动的作战方法不仅有效地打击了敌人，而且使我在政治上和军事上都保持了主动。

坚决打掉敌人的精兵利器是迫使敌人屈服的关键一着。在停战谈判中，"联合国军"之所以如此狂妄傲慢，所依仗的无非是强大的空中力量和地面突击力量，因此，要想真正让敌人在谈判中拿出诚意来，必须找到对付敌人飞机、坦克的办法，只有这样才能打掉敌人的心理优势。1951 年夏秋防御作战中，志愿军部队很好地注意和解决了这个问题，这是迫使敌人回到谈判桌上的关键一着。在对付敌人空中轰炸作战中，我军一方面抽调大批高炮部队，采取"重点保卫，高度机动"的作战方针，在敌重点轰炸地区部署优势的高射炮兵，进行反轰炸斗争，给了敌人以沉重打击。另一方面，在前线部队开展群众性的对空射击活动，迫使敌机不敢低飞，大大降低了"联合国军"空中轰炸的效果。在对付敌坦克的作战中，我志愿军同样找到了克敌制胜的办法。第 67 军、68 军都取得了很好的作战效果。在文登里地区，第 68 军采取工事与火力相结合、勇敢与技术相结合、打坦克与打步兵相结合的方法，创造了 13 天击毁敌坦克 28 辆、击伤 8 辆、毙伤敌 7 600 余人的辉煌战果，挫败了美军的"坦克劈入战"，狠狠地打击了敌人的嚣张气焰。

1951 年夏秋防御作战的实践证明，只要我们准备充分、战术灵活、战法得当，仍然可以打败现代化技术装备比我们先进的敌人。

交战时间	1951 年 8 月—1952 年 6 月
交战地点	三八线以北重要交通线
交战双方	我方主要参战部队：中国人民志愿军铁道兵第 1 师、第 2 师、第 3 师、第 4 师，高炮第 62 师、第 63 师、第 64 师，空军第 4 师、第 3 师、第 2 师、第 14 师、第 6 师、第 15 师、第 12 师、第 17 师、第 18 师，工兵第 4 团、第 7 团、第 10 团、第 15 团、第 16 团、第 17 团、第 18 团，公安第 18 师
	敌方：美国空军第 4、5 航空联队，美舰队航空兵
指挥将领	洪学志、刘居英、刘震；李奇微、马克·韦恩·克拉克
交战装备	我方：苏军 1 个歼击航空兵军（主要装备米格 -15）参战，志愿军 5 个空军师参战，共出动飞机（主要是图 -2 轰炸机和米格 -15 歼击机）3 526 架次。防空兵

粉碎"空中封锁"

有 3 个高炮师、4 个高炮团、23 个高炮营、1 个高射机枪团和 1 个探照灯团

"联合国军"：美式 M2 重机枪、M1 伽兰德半自动步枪、M1 卡宾枪、汤姆森冲锋枪等步兵装备，各种作战飞机（舰载的 F9F 海盗和 F4U 豹式战斗机、AD 天空强盗轰炸机，空军 F-80C "流星"战斗机、F-82 全天候战斗机、P-51 野马战斗机、B-29 空中堡垒远程轰炸机、B-26 轰炸机、RF-80A 照相侦察机、RB-29 空中侦察机、T-6 蚊式战术控制飞机、C-46、C-47、C-54、C-119 运输机）1 100 余架

| 交战结果 | 粉碎了"联合国军"的"空中封锁"，建成了打不烂、炸不断的"钢铁运输线" |

虽然联军的空军和海军尽了一切力量企图阻断共产党的供应，然而共产党仍然以令人难以置信的顽强毅力，把物资运到前线，创造出惊人的奇迹。

——范佛里特

1

1951 年 8 月，"联合国军"在对我发动夏秋季攻势同时，在我后方发动了一场大规模的"空中封锁战役"，即"绞杀战"。

"绞杀战"是美军仿照 1944 年 3 月盟国空军在意大利境内以德军使用的铁路线为主要攻击目标而发动的一次空中战役而炮制的，那次战役，最初被称为空军协同攻势，后来被称为"绞杀战"。朝鲜半岛的地形、交通线的构成以及美军的空中封锁计划都同在意大利进行过的"绞杀战"极为相似。所以，美军把他们的这次行动亦称为"绞杀战"，想把朝鲜半岛变为昔日的亚平宁半岛。

"绞杀战"的具体做法是，在横贯朝鲜半岛的蜂腰部划定一个阻滞地区，以绝大部分空军和海军航空兵进行长时间毁灭性的轰炸，切断志愿军后方交通线，阻滞我军前后方联系、窒息我军作战力量，使中朝军队无法持久作战，从而达到在谈判中迫使志愿军就范的目的。

为此，"联合国军"动用了全部空军力量的 80%，战斗轰炸机和战略轰炸机几乎全部投入使用，并计划在 3 个月的时间内全部摧毁朝鲜北部的铁路系统，使我方"铁路运输陷于完全停顿的地步"。

为粉碎"联合国军"的这一企图，志愿军后方部队在防空力量薄弱、技术装备和物资器材十分缺乏的情况下，广大指战员充分发挥自己的聪明才智，以大无畏的革命精神和勇敢顽强的战斗作风，与朝鲜军民一道与"联合国军"展开了一场"绞杀"与反"绞杀"，封锁与反封锁的斗争。

2

我军反"绞杀战"斗争，共分三个阶段。

1951 年 8 月中旬至 8 月底为第一阶段。

1951 年 7 月下旬，朝鲜北部发生 40 年未遇的特大洪水灾害，并一直延续到 8 月底，铁路、公路、桥梁遭到严重破坏，铁路桥梁被冲毁 94 座次，线路被冲毁 116 处次，公路桥梁 50% 被洪水冲毁，这种严重的自然灾害使我军后勤供应严重不足，粮弹供应十分困难。

8 月，为了配合停战谈判，对我施加军事压力，侵朝美军制订了"空中封锁交通线战役"计划，企图借朝鲜北方洪水肆虐之机，用 3 个月的时间，摧毁朝鲜北部的铁路系统，切断志愿军和朝鲜人民军的后方补给线。

从 8 月 18 日开始,"联合国军"出动大批飞机以铁路线为目标,对朝鲜北方交通线实施全面轰炸封锁,主要是逐段轰炸铁路路基和反复轰炸铁路桥梁,并阻止我修复铁路交通。

至 8 月底,朝鲜北方被轰炸和洪水冲毁的铁路桥梁 165 座次、线路 459 处次,尚能维持通车的线路仅有京义线之新义州至孟中里段、满浦线之球场至顺川段、平元线之顺川至长林段和价川线(新安州至价川),总长仅约 290 公里。平德线(平壤至德川)则由于大同江与沸流江桥梁被破坏,全线失掉作用。整个铁路交通处于前后不通中间半通的状况。

"联合国军"在集中轰炸、封锁铁路交通线的同时,对公路运输线及运输车辆的轰炸破坏亦较前更为加剧。白天以战斗轰炸机扫射待避车辆和囤积物资,在重要桥梁、路线上投掷定时炸弹和一触即发的蝴蝶弹,阻止车辆通行。夜间在公路上空投照明弹,用轻型轰炸机分区搜寻目标进行跟踪攻击。他们扬言要摧毁我"所有的公路交通"和"每条线路上的每辆卡车和每一座桥梁"。"联合国军"的疯狂轰炸使我公路交通损失严重。据时任志愿军副司令员兼后方勤务司令部司令员洪学智将军回忆:

当时,我们防空武器少,白天美军飞机猖狂至极,不放过一台车,一个可疑物,所以,后方运输只能在夜间突击进行,这使补给工作极为困难。我们的很多汽车驾驶员虽然参加过解放战争,但却从未见过这种阵势,普遍缺乏夜间闭灯行驶的技术经验。加上道路狭窄，起伏不平，时有弹坑、路障，隆冬季节，雪深路滑等因素，撞车、翻车、堵车、挨炸等情况不断发生，不但运输效率极低，车辆损失也很大。在我军入朝的头7个半月内，损失汽车3 000多台（平均每月400多台）。①

这种状况严重影响了我军后勤补给。

为扭转运输和物资供应困难的局面，志愿军和朝鲜军民在集中力量抗击洪水灾害的同时，陆续投入力量，展开了"反绞杀战"斗争。

3

志愿军后方部队在志愿军党委、首长的坚强领导下，群策群力想出了许多与敌斗争的好办法。

其一，加强对空警戒，不断强化对空监视。

依赖优势空军力量对我军后方设施和交通运输线进行封锁破坏，一直是"联合国军"侵朝战争整个战略的重要组成部分。从1951年3月起，为了提高汽车运输效率，减少汽车损失，在三登至新溪平壤以南沿线主要交通线两侧，战士们发明了在沿途一些岔口的制高点上设置防空哨，监视敌机的办法。防空哨一听到敌机的声音，马上鸣枪报

① 洪学智：《抗美援朝战争回忆》，解放军文艺出版社1990年版，第215页。

警。这样，听到报警枪声的汽车司机，立即熄灭车灯，摸黑行驶或待避，敌机飞临上空不见灯光，只好飞走。敌机飞过后，防空哨又敲钟解除警报，汽车继续开灯行驶。这种以防空哨实施对空监视的办法收到了很好的防空效果。到第五次战役时，防空哨已发展成为后方对敌斗争一支不可缺少的力量。

反"绞杀战"斗争开始后，为了强化对空监视力度，志愿军在原有基础上又加强了防空哨的设置，除原有的公安18师及部分警卫团外，又调50军第149师配属志愿军后勤司令部担任防空哨任务，使担任防空哨的兵力达7个团又2个营，约8200多人，基本覆盖了2100多公里的运输干线，对保障公路运输安全发挥了重要作用。

其二，通过对汽车、物资的紧急隐蔽、疏散、伪装等措施加强防护，同时，设置各种假目标，隐真示假，迷惑敌人。

后方部队除了通过防空哨加强对空警戒外，还想方设法加强对汽车和物资的防护。时任后勤司令部司令员的洪学智将军曾对我军的对空防护办法作过详细生动的描述。他说：

当时各部队创造了许多隐蔽好方法。有的利用地形，在狭窄的山沟、山崖、山脚等处建立仓库，囤集物资，停放车辆，开设治疗所；有的利用地物，在茂密的林荫地区隐蔽人员和车辆；有的利用矿洞、自然洞、隧道和各种掩体。这些地方一般不易发现，即使发现了敌机袭击也比较困难。我们还在公路沿线两旁修了许多汽车隐蔽部，或干脆就利用路旁山洼的天然洞，一看飞机来了，汽车就钻进隐蔽部。有了汽车隐蔽部，我们就不只是在夜间运输了，白天也可以行车了，飞机来了就躲进隐蔽部，飞机一走，就出来短途突击。

后来，我们还有意识地设置假目标，使敌机真假难分，诱敌机上当……

有一次，汽车第4团5连把几辆破汽车做了伪装，放在较明显的地方，敌机发现后，狂轰滥炸了一阵子。又一次，还是这个团6连修了个假掩体，敌机3架次轮番轰炸扫射了很久。

有时，晚上还故意点几个灯泡子引诱敌机轰炸、扫射。有时，干脆就把好的汽车装上高粱米间隔距离很远地放在那儿，让他炸。

我们给敌人算了一笔账，他们撂200磅、300磅1枚炸弹，打中了，炸我1车高粱米，没几个钱。有时他撂空了，没炸掉，最多把口袋打几个窟窿，粮食还照样吃。我们满山遍野到处都有假目标，真真假假、虚虚实实同敌机斗智。

过去敌机是发现了目标就炸。后来，敌人怀疑了，派了很多特务来侦察轰炸的效果怎么样。特务报告说，效果很不好，有许多是共军设置的假目标。所以敌机再炸时就犹豫了，先琢磨一下是不是假的。我们就利用他们的这种心理，有时干脆就把汽车打开放在公路中间，敌机以为一定是打坏的，好的绝不敢停在公路上，真真假假与敌机作斗争。

其三，以掩护交通线的高射炮兵部队集中使用，保卫重点目标。

志愿军入朝初期，对空防御力量和后勤保障能力很弱。1950年底以前，防空部队只有1个高射炮兵团。1951年1月，为了加强我军后方对空防御，我高射炮兵部队陆续加强，至7月下旬已有4个师（第61、第62、第63、第64师）又3个团（城防高射炮第505、第513、第524团）和50个独立营，共有76.2毫米和85毫米口径的高射炮72门、37毫米口径高射炮733门。其中3个师（第62、第63、第64）又1个团（第524团）用于掩护机场修建，1个师（第61师）又2个团（第505、第513团）6个营用于掩护交通运输线，大部分独立营则配属在各兵团各军，掩护前线作战活动。

反"绞杀战"开始后，为了加强对重要目标的掩护，我军调了4个高炮营掩护江东、楠亭里、物开里、云合兵站。高射炮兵的加入，大大加强了我军的对空作战能力。8月，志愿军司令部又增调高炮第602团和第2线各军以及坦克第1师所属的15个高炮营归志愿军后方勤务司令部指挥，分别配置在长林、顺安、阳德、中和、高原、释王寺附近，负责掩护后方交通。这样，后方高炮部队就达4个团、25个营，大大增加了打击敌机的力量，增强了重点目标的对空安全保障能力。

除此之外，志愿军还以铁道抢修部队重点抢修大同江、清川江、沸流江上被破坏的铁路桥梁和重点区段线路。在铁路桥梁和线路不能通行地段组织漕渡或分段倒运，使各段线路有机地联系起来，以最大限度地保障运力。

8月份，运到前线的作战物资共1134车厢，约合34000吨，初步缓解了前线的粮弹供应的紧缺状况。

4

1951 年 9 月至 12 月为第二阶段。

由于敌人通过普遍轰炸道路、桥梁，封锁破坏我军交通运输目的没有实现，9 月份，"联合国军"调整了作战部署，集中力量重点轰炸新安州、西浦、价川铁路的"三角地区"。

"三角地区"，是整个朝鲜北方铁路和公路运输的枢纽和咽喉。南北走向的京义线、满浦线，东西走向的平元线、价新线都在此连接、交叉。如果这一地区受到破坏，不仅南北东西铁路运输同时中断，而且公路运输也将受到严重破坏。京义线两旁多为水田，不易取土，满浦线路基很高，破坏后抢修困难。

敌人利用这一特点，平均每天出动飞机 5 批 103 架次对这一地区进行大肆轰炸，并逐步压缩重点轰炸范围。对京义线先由新安州至渔波压缩到大桥至肃川的 16.6 公里地段，再压缩到万城至肃川的 10.3 公里地段，最后压缩到里程碑 317 公里至 318 公里的仅 1 公里地段上。对满浦线先由价川至中坪间压缩至泉洞至中坪间 22 公里地段，再压缩至泉洞至龙源里 10.5 公里地段，最后集中在里程碑 29 公里处。轰炸时间也由定时改为不定时，轰炸次数也由每天 2—3 次，增至 5—6 次。轰炸机出动的规模也由每天出动 20—30 架，增加到每天 50—

60 架。敌人就是想通过这种集中轰炸的方式，在要害的几个点上造成深度破坏，使我无法修复，达到彻底中断我交通补给线的目的。

据统计，9 到 12 月份，在三角地区共计 73.5 公里的集中轰炸地段，共中弹 38 186 枚，平均每 2 米中弹 1 枚。这几段铁路的长度仅占我军使用全部铁路长度的 5.4%，其被破坏的处次却占被破坏总处次的 45.2%。这种超饱和的轰炸致使"三角地区"80% 的时间不能通车，给我军供应造成很大困难。

为了粉碎"联合国军"对"三角地区"的封锁，志愿军根据"联合国军"的作战特点，确立了"集中兵力，重点保卫"的原则，志愿军后方部队采取了一系列措施，与"联合国军"展开了一场新的斗争。

不断增强防空作战力量，对重要目标实施分区防护。

9 月 2 日，中央军委决定将东北军区防空司令部所属的高炮第503、第 505、第 508、第 513 团和高炮第 39、第 40、第 41、第 42、第 43、第 44 营拨归志愿军后方勤务司令部直接领导和指挥，以增加防空力量。

9 月 15 日，中央军委作出加强铁路及江桥方面的防空力量的决定。根据这一决定，我军于 9 月下旬从掩护机场修建的高炮第 62 师抽调了 1 个高炮团、从在后方休整的各军中抽调了 11 个独立高炮营和 6 个高射机枪连。这些部队和原有高射炮兵部队一起，在铁路线上组成了 4 个防空区（平壤、安州、定州、价川、顺川区；殷山、新仓里区；阳德、龙池院里区；平壤、物开里区），进一步加强了铁路线上的防空力量。

10月中旬开始，又将掩护机场修建的大部分高射炮兵部队调往"三角地区"和其他重要铁路地段。另外，还从国内抽调了1个雷达连、5个探照灯连，配合高射炮兵作战。为了统一指挥，还成立了铁道高射炮兵指挥所，并按照"集中兵力，重点保卫"的原则，调整了高射炮兵部署，增强交通线上的对空防御力量。

到12月，志愿军所属的70%的高射炮兵，部署在铁路干线附近，其中，部署在"三角地区"及其附近重要目标的高射炮兵部队已达3个高炮师、4个高炮团、23个高炮营、1个高射机枪团和1个探照灯团。仅在"三角地区"新安州至鱼波段和价川至顺川段，就集中了7个高炮团又8个营。

这一阶段，我高射炮兵部队积极作战，给了敌人以沉重打击。仅12月份即击落敌机38架，击伤68架，其中，高炮英雄阎舒魁1门炮就击落美机6架，击伤12架，狠狠打击了"联合国军"的嚣张气焰。

5

志愿军空军投入作战，屡建奇功。

9月下旬，我志愿军空军采取"轮番进入，由少到多，以老带新，老新结合，先打弱敌，后打强敌"的方针，以师为单位陆续投入作战。到12月底，先后有空军第4、第3、第2、第14、第6师共5个师投入作战，共出动飞机3 526架次。

面对强大的对手，年轻的中国空军以必胜的信念和有我无敌的英雄气概，奋勇争先，勇敢战斗，击落敌机 70 架，击伤 25 架，很快迫使敌将战斗轰炸机的活动空域撤到清川江以南，并迫使敌 B-29 型战略轰炸机从 10 月份起转入夜间活动。

这一阶段，中国空军以骄人的战绩打破了一个个"神话"，创造出了一个个空战史上的奇迹，涌现出了一大批英雄人物。

大机群作战，首创击落 F-86 战机的佳绩。

1951 年 9 月 12 日，为了掩护我后方运输线，经过初战锻炼的空 4 师再次进驻浪头机场。2 周后，空 4 师就迎来了入朝的第一次大机群空战，持续时间 3 天。

9 月 25 日，敌机 5 批 112 架，其中战斗截击机和战斗轰炸机 102 架，轰炸机 10 架，活动于顺川、安州、平壤等地上空，企图对我方铁路、公路运输线进行轰炸破坏。清川江上的金川里大桥是连接志愿军前后方的咽喉，也是敌人"绞杀战"封锁的重点地区。

接到空情警报后，144 架志愿军战机立即起飞直奔战区。

刚刚飞临清川江上空，空 4 师 12 团 1 大队大队长李永泰便发现前方闯出一批敌机，他迅速下达战斗命令，并率先向左下方 8 架 F-84 战斗轰炸机冲去，2 号机、3 号机、4 号机紧紧相随，5 号机、6 号机掩护，敌人见势不妙，急速四散摆脱。这时，敌 8 架 F-86 分别在左右两路从后方袭来，李永泰正要爬高占位准备反击，突然飞机中弹，机翼被打了几个窟窿，正在这时，另 4 架 F-86 敌机也从后上方俯冲过来。李永泰的处境非常危急。见此情境，僚机权太万马上向敌机群猛冲，

◇ 在抗美援朝战争期间，志愿军空军共击落敌机 330 架，击伤 95 架。空军勇士的英勇杀敌，对取得抗美援朝战争的胜利，作出了重大贡献，图为战机准备起飞

将敌机驱散。

在李永泰长机组与敌激烈混战过程中，僚机组陈恒、刘涌新奋不顾身向敌机群猛冲，激战中队形分散，刘涌新驾驶的飞机遭到敌 6 架 F-86 飞机的围攻。刘涌新临危不惧，与敌 6 架 F-86 展开格斗，他抓住空当死死咬住一架敌机，一阵猛打，将敌击落，首创了人民空军击落美军最新式 F-86 战斗机的纪录。

F-86 是美国当时最新型的战斗机，是美军为了对付米格 -15 特意从本土紧急调运到朝鲜战场的"世界超一流"战机，然而在第一次与志愿军空军的作战中，这"世界超一流" F-86 就被 20 岁的志愿军新飞行员刘涌新击落。刘涌新后来也不幸被敌击中，壮烈牺牲。

乘僚机组与敌机缠斗的机会，李永泰连连向威胁最大的敌机发动冲击，终于摆脱了敌机的围攻，驾驶着负伤 56 处的飞机安全返回基地。在以后的战斗中，李永泰先后击落 F-86 飞机 4 架，被同志们称为"攻不破、打不烂的空中坦克"。

26日、27日，我志愿军空军又与敌人进行了2天大规模空战。

从25日到27日，3天内我志愿军空军共击落敌机26架，击伤8架。

3天的时间不长，但却开创了中国空军大机群作战的新时代，连傲慢的"联合国军"空军也不得不点头称道，称"这三天战斗是历史上最长最大的喷气式飞机战斗"，这些战斗"严重地阻碍着联合国军的空中封锁铁路线的活动"。

10月2日，志愿军空军战报传到北京，毛主席欣然命笔写下"空四师奋勇作战，甚好甚慰"的批语，给予了志愿军空军极大的鼓舞。

后来，敌我双方又进行了6次大规模空战，志愿军空军均给敌以重创。

10月份，志愿军空军和高炮部队积极配合，英勇作战，沉重地打击了敌人。敌人被迫承认这个月我方空军在北朝鲜的活动达到高潮，而"联合国军"的空中优势陷入危险境地。敌B-29轰炸机被迫改在夜间活动。

6

进入11月以后，遭我几次重创的敌人开始回避与我军空战，志愿军空军虽然战斗出动很多，但可利用的有利战机并不多。针对这一情况，空军联合司令部司令员刘震将军亲自召开作战会议，分析敌情，制定对策，决定把陆军打游击的战法用于空中，与敌机在空中打游击，具体方法是根据敌机活动规律——出动时间、批次、架次、活动空域等，我军飞机提前起飞，隐蔽待机，发现敌机后，抓住时机对其进行突然攻击。

在以后的大机群空战中，志愿军空军一方面用空中游击的战法打击敌人，另一方面，还组织了精干的小编队插到敌大机群侧后，对被我冲散的敌单机、双机和四机进行大胆攻击，取得了很好的效果。

11月18日下午，敌机数批侵入安州、清川江一带，袭击我铁路目标。隐蔽于肃川上空的我空3师第9团，发现敌F-84战机20余架正沿海岸线北进，空中指挥员林虎率领编队迅猛俯冲扑向敌机群，打乱了敌机队形。这时，9团1大队大队长王海发现左前方低空有60余架F-84正袭击我清川江桥，他毫不犹豫，立即率领6架战机从近万米的高空向敌机俯冲。王海大队的突然攻击，完全出乎敌人的意料，敌机编队慌忙丢掉炸弹，仓促应战。王海抓住有利时机，充分发挥米格-15战机的垂直机动优势，命令编队连续爬高、俯冲，将机群进行分割，打乱敌机战斗队形，接着他频频瞄准开炮，一连击落2架敌机，其僚机焦景文和4号机孙生禄也发起攻击，相继击落3架敌机，我战机无一损伤。这次战斗王海大队取得了5:0的战果。

王海所在的志愿军空3师1大队，在朝鲜战争中先后空战80多次，共击落击伤美机29架，荣立集体一等功，被誉为"英雄的王海大队"。王海本人击落美机4架，击伤美机5架，获一级英雄称号。

志愿军空军部队越战越勇，捷报频传。

11 月 23 日，又取得了 8:1 的战果。当天敌机数批袭击肃川、清川江铁路运输，我志愿军空 3 师第 7 团出动战机 20 架，在肃川空域截击敌人。

空战发起后，一大队大队长刘玉堤率领 2 中队猛追向海面逃窜的两架 F-84，敌机迅速下降企图摆脱，刘玉堤紧盯不放，并令僚机打敌人的僚机，自己则乘敌长机拉起爬高时，将其击落。此时，敌僚机为躲避我战机攻击，正从右前方向左转弯，欲从刘玉堤前方约 130 米处掠过，刘玉堤疾速开炮，将其击落。当刘玉堤击落逃跑的 2 架敌机后，在返航飞抵永柔以北上空时，发现正下方有 1 架敌机。这时，敌机也发现了刘玉堤，为了摆脱刘玉堤，敌机掉头飞入山沟。正当敌机左转弯欲绕过山头摆脱追击时，刘玉堤瞄准攻击，再击落 1 架。在退出攻击向上跃升时，刘玉堤又发现清川江口上空有 50 余架敌机，在几十倍于己的敌机面前，刘玉堤毫不畏惧，坚决向敌发起冲击，乘敌分路逃跑时，又击落敌机 1 架。

第 2、第 3 大队亦相继击落敌机 3 架，击伤 1 架。

这次空战，共击落敌机 7 架，击伤 1 架，我战机仅伤 1 架，创造了空战史上的奇迹。

12 月，志愿军空 3 师又参加了敌我双方喷气式飞机多达 300 架的大规模空战，取得了击落击伤战机 11 架的战绩。毛主席看到战报后，欣然写道"向空军第 3 师致祝贺"，再一次给了志愿军空军充分的肯定和巨大的鼓舞。

7

我军的防空力量加强后，为了抓紧抢修"三角地区"铁路，铁道兵的力量也得到了进一步的加强。9月中旬，中央军委给铁道兵配属了5个新兵团，另还补充了新兵9000人，加上铁道兵原有部队和朝鲜铁道工程旅，我铁路线上的抢修力量已达70000余人。在抢修斗争中，铁路运输指战员充分发扬了勇敢顽强的战斗作风和最大的积极性、创造性，他们采取架设活动桥梁（白天移开，晚上移回），利用枕木排代替泥土填补大弹坑等方法，既节约了抢修兵力和抢修时间，又迷惑了敌机，减少了桥梁损失，提高了运输效率。同时，他们还发挥连续战斗的作风，分成昼夜两班，轮流替换，24小时不停地抢修。在空军和高炮部队的配合下，经过突击抢修，我铁道兵曾一度打开"三角地区"的封锁，通了车。

后来，敌人轰炸更加疯狂和集中，10月24日以后，"三角地区"再度被封锁。抢修部队采取了"集中兵力，打通咽喉地带"的方针，集中主要兵力（铁道兵第2师全部、第1师1个团、工程总队1个大队和朝鲜铁道工程旅两个联队）确保三角地区及东、西清川江和东大同江三座桥梁。经过1个多月的艰苦奋战，至12月底，共修复路基土石方493200多立方米，"三角地区"全部恢复通车。

为了在有限的通车时间通过尽量多的列车和物资，铁路运输部门创造了一种密集的列车片面续行法。列车片面续行法又称"赶羊过路"行车法，即在能够通车的夜晚，事先把早已装载停当的军用列车集结在抢修现场附近的一个或几个安全区段上，等待抢修部队抢修线路，线路一经修通，列车立即一列紧跟一列向同一个方向通过，各列车之间只相差几分钟，首尾相连，鱼贯而行，一列接着一列地通过。同时，志愿军后勤司令部组织汽车、马车、人力车在火车不能通行的地段进行长区段的倒运、接运，通过这种方法，把公路交通和铁路交通连接起来，最大限度地保障运力。

这一阶段，志愿军后勤司令部抽调了6个汽车团和大批装卸部队，在"三角地区"以北地区承担倒运、接运任务。他们在北松里、龙兴里、球场、价川将大量物资卸下火车后，马上争分夺秒地用汽车把物资倒运到顺川、德川、渔波等地，再装上等候在那里的火车运往前线。在紧急情况下，志愿军后勤司令部还采用过汽车远程直达的运输办法倒运物资。

12月间，为了加强对前方铁道运输的领导，还专门成立了以刘居英为司令员兼政治委员的前方铁道运输司令部，负责统一指挥铁路运输线上的防空、抢修、抢运工作，从而加强了铁路线上反"绞杀战"斗争的领导。

与此同时，为了加强公路线上的抢修力量，解决长期以来公路线上因错车不便而造成的交通堵塞、运转不灵的状况，志愿军司令部组织了第4、第7、第10、第15、第16、第17、第18团共7个工兵团和在二线休整的各军及各兵团直属队，在朝鲜人民的协助下，普遍加固加宽了原有公路，并开辟了一些新的公路线。至12月底，共加固加宽公路 2 158 公里，新辟公路 292 公里，大大改善了我在公路运输的状况。

经过 4 个月的斗争，志愿军和人民军终于打破了"联合国军"对"三角地区"铁路的重点封锁，敌人无可奈何地承认对铁路实行"绞杀战"的效果是令人失望的，"凡是炸断了的铁路，很少是在 24 小时内未能修复的"。

至此，反"绞杀战"第二阶段的斗争结束。

在此期间通过封锁区运往前线的作战物资共 15 000 余车，汽车运输能力较前一阶段提高了 75%，基本保证了前线部队的作战需要。

8

1952 年 1 月至 6 月为第三阶段。

1951 年底，李奇微承认空中封锁战役没能阻止住志愿军向前线运输作战所需的补给品，也没有能阻止住志愿军将部队运入北朝鲜，但他仍坚持认为，如果中止或缩小空中封锁交通线的行动，志愿军就能在很短的时间内积聚起足够的补给品，从而有能力发动一次持续的、大规模的攻势。基于这种认识，"联合国军"于 1951 年 12 月下旬决定继续对我进行"绞杀战"。

鉴于志愿军在"三角地区"的防空力量得到了有效的加强，"联合国军"调整了其空中封锁作战计划，将原来固定的定点封锁改为机动的重点突击，即从重点轰炸我铁路"三角地区"转为重点轰炸我集结作战物资的地点、来路和去路。其重点轰炸目标区为：京义线的宣川至定州段、定州至岭美段、新安州至顺安段，满浦线的价川至熙川段（以上均为我物资来路）；平元线的顺川至阳德段；平德线的三登至新成川段；元罗线（元山至罗津）的元山至高原段（以上为我物资去路）。

3月份以后，"联合国军"又对这些地区实施了"饱和轰炸"，对我重点地段上的主要桥梁实施24小时不停顿的集中突击。

据不完全统计，1952年上半年，我铁路共被敌机轰炸9 000多处次。位于阳德附近的库区在2月15日以后的15天里，被炸达240余次。

同时，敌人还对我主要运输线实行逐段控制，层层封锁，投掷大量定时炸弹蝴蝶弹、四爪钉等，用重型炸弹将公路炸成许多大坑，阻挠我车辆夜间行驶。

我志愿军根据敌机轰炸战术的变化，及时采取了相应对策。

9

在对空作战方面，我志愿军空军继续采取轮换作战的方法，经常保持有3个师的兵力掩护清川江以北的运输线。在掩护清川江以北运输线的作战中，我志愿军空军第3、第4，第6、第14、第15、第12、第17师面对强敌毫不畏惧，勇敢顽强，敢打敢拼，取得了骄人的战绩，打击了"联合国军"的嚣张气焰。最具代表性的是，我志愿军空 4 师 12 团 3 大队大队长张积慧击落美国"空中英雄"戴维斯少校的那次空战。

1952 年春，美国空军为了加强其空战力量，增调了一批参加过第二次世界大战的校级飞行员和"王牌"飞行员到朝鲜作战，戴维斯少校就是其中的一员。

戴维斯，美国空军第 4 联队第 334 中队中队长，约有 3 000 小时的飞行经历，在第二次世界大战中曾参加战斗飞行 266 次，在美国被吹嘘为"百战不倦"的"特别勇敢善战"的"空中英雄"，"成绩最高的喷气机王牌驾驶员"，来到朝鲜战场后，他异常疯狂，到被击落时止已进行过 59 次战斗飞行，是一个不折不扣的王牌飞行员。就是这样一个王牌飞行员却栽在了志愿军一个名不见经传的飞行员手里。

1952 年 2 月 10 日，我雷达发现美机数批先后侵入平壤、沙里院和价川地区，我志愿军空 4 师按作战预案出动 2 个团迎敌。忽然，12 团 3 大队大队长张积慧隐约发现远方海面上空有一道道白烟。"是敌机！"他一面迅速把情况报告上级，一面带领僚机单子玉升高准备战斗。敌机见我已占据了有利阵位，一面忽上忽下与我捉迷藏，一面向我机群靠近，想绕到我机群侧后伺机偷袭。张积慧佯装不知，待敌双机加大油门向他发起攻击时，他带领僚机单子玉猛然一个右侧上升，使敌双机扑了空，反而从我机腹下面冲到了前头。张积慧和单子玉抓住时机紧紧咬住了敌带队长机，带队长机使出浑身解数拼命摆脱，张积慧在僚机单子玉掩护下，步步追击，在 600 米的距离上瞄准射击，三炮齐发，把敌长机击落。敌僚机看到长机被击落，惊慌地做着不规则的飞行动作，企图摆脱我机攻击，张积慧充分发挥我机垂直升降的优越性能，迅速占领有利阵位，在 400 米的距离上瞄准射击，一次开炮，就把敌僚机打得空中解体。

打掉了"王牌"戴维斯，给了美国空军以沉重的打击。

2 月 12 日，美国远东空军司令威兰中将在一项特别声明中，悲哀地承认，戴维斯的被击毙，"是对远东空军的一大打击"，"是一个悲惨的损失"，美国空军是在"和一个厉害而熟练的敌人作战"。美国国会也为此而非常被动，参议员、共和党人勃里奇在国会会议上大发雷霆地说，以目前这种方式进行的朝鲜战争，"是美国历史上最为绝望的战争"，"战场上的士兵们大为丧气"。

我志愿军空军英勇奋战，很快迫使敌战斗轰炸机的活动空域撤到了清川江以南，大大减弱了敌空中优势。

10

我高炮部队根据敌作战行动的变化，从作战指导上，由原来的"集中兵力、重点保卫"调整为"重点保卫，高度机动"。我们把掩护后方交通的 3 个高炮师、4 个高炮团、16 个高炮营，组成 3 个高炮集群，配置在定川、价川、熙川、阳德等铁路沿线，对付敌人的重点机动突击，掩护车站、兵站、桥梁和仓库等重要目标。

各高炮部队则相继派出部分高炮分队实施机动作战，主动出击、设伏，灵活机动地打击敌人。

4月29日，高炮第612团隐蔽进入泉洞地区设伏，与290架次敌机激战8小时，击落敌机5架、击伤9架，保卫了目标安全。

4月到5月间，高炮第605团及配属的独立第21营，实施昼间短距离机动作战，共计行程130公里，作战33次，击落击伤敌机各10架，俘敌飞行员2名，有力地打击了敌人，掩护了铁路运输，并取得了高炮昼间机动的经验。

5月8日，高射炮兵第24营在楠亭里隐蔽设伏，与敌机激战10个多小时，创造了1天击落敌机7架、击伤18架的纪录，获得了志愿军司令部的通令嘉奖。

据统计，这一阶段，在"重点保卫，高度机动"作战方针的指导下，我高射炮兵共作战3277次，击落敌机198架，击伤779架，给了敌人以沉重打击。

在铁路抢修方面，我军采取了"以集中对集中，以机动对机动"的方针。即在确保三角地区通车的原则下，对敌轰炸明显的重点区适当地配备较多兵力，对其他地区，则视敌机破坏程度临时机动兵力进行抢修。

为了对付敌机对铁路桥梁和重要地段的轰炸，还修筑了大迂回线和便线、便桥，以保证顺畅通车。

在铁路运输方面，我军针对敌机实施夜间轰炸多在月明期和夜里22时至24时的规律，采取了利用月亏期集中突运，"抢22点"和

◇ 在美军实施"绞杀战"期间，志愿军铁道兵与朝鲜人民军铁道部队，共抢修、新建及复旧工程，计线路 20 024 处次，延长 878 公里，桥梁 2 086 座次，延长 79.7 公里，隧道 51 座次，可运行的铁路 1 200 余公里，有力地保证了运输。图为即将竣工的清川江大桥

"空、重车循环输送"等斗争方法，大大提高了铁路运输能力。

在公路线上，我则继续加宽、加固原有公路和构筑新的公路，并在主要河流渡口处增设便桥，在公路沿线增设汽车待蔽所和对空监视哨（在大小 32 条运输线，2 500 公里的主要干线上共设置 1 308 组），以保障公路运输顺畅，减少车辆损失。

○ 在反"绞杀战"作战中，志愿军高射炮兵部队共击落敌机 360 余架，击伤 1 070 架，与志愿军空军一起，对粉碎美军的"绞杀战"起到了重要作用。图为高炮第 46 营击落美军飞机的情景

由于我军采取了上述有力措施，积极地同敌机进行斗争，结果使本阶段铁路各线通车夜达到了 68.9% 至 96%，公路运输能力提高了 70%，至 5 月份即超额完成了半年的运输任务，并提前完成了朝鲜政府的物资运输和接运救济粮的任务，有力地保证了战场需要。

6 月下旬，"联合国军"被迫停止了"绞杀战"。

从 1951 年 8 月到 1952 年 6 月，"联合国军"在历时 10 个月的"绞杀战"期间，共破坏朝鲜铁路 1.98 万余处次、延长 700 千米，桥梁 1 729 座次、延长 51.7 千米，隧道 43 座次，给水站 148 座次。志愿军铁道兵团与人民军铁道部队一起共完成抢修、新建及复旧工程，计线路 20 024 处次、延长 878 千米，桥梁 2 086 座次、延长 79.7 千米，隧道 51 座次，给水站 187 座次，可运行的铁路增加到 1 200 多千米。

在反"绞杀战"中，志愿军高炮部队共击落"联合国军"飞机 360 余架，击伤 1 070 架；志愿军空军共击落"联合国军"飞机 123 架，击伤 43 架。中国人民志愿军和朝鲜军民一起，不仅粉碎了"联合国军"的"空中封锁"，而且在斗争中建成了打不烂、炸不断的"钢铁运输线"，基本解决了作战物资的运输补给问题，取得了具有战略意义的重大胜利。

反"绞杀战"是志愿军和朝鲜军民围绕着交通运输线与"联合国军"展开的一场"绞杀"与反"绞杀"，封锁与反封锁的斗争。这场斗争不但彻底粉碎了"联合国军"凭借空中优势切断志愿军后方交通线，窒息我军作战力量，迫使中朝方面在谈判中屈服的目的，而且，对改变战场敌我态势、争取主动、发展胜利具有十分重要的作用。在长达 10 个月的斗争中，人民志愿军广大指战员展现了高超的对敌斗争艺术，为我们留下了鲜活而宝贵的斗争经验。

构建精干高效的铁道运输指挥体系，科学整合"防空、抢修、突运"力量，充分发挥整体威力。朝鲜战争中的反"绞杀战"实际上是一场诸军兵种联合作战，为了充分发挥各作战力量的整体威力，中国人民志愿军围绕着"防空、抢修、突运"三个核心环节，对铁道运输指挥系统进行了科学整合。1951 年 8 月，成立了中朝联合铁道运输司令部。同年10月，成立了前方铁道运输司令部，作为派出机构，负责协调和指挥中朝共管的朝鲜铁道军事管理总局、我铁道兵团和高炮部队的对敌斗争。后来，又陆续成立了隶属于前方铁道运输司令部的前方铁道抢修指挥所和铁道高炮指挥所。这样，适应反"绞杀战"作战特点的组织指挥体系就初步形成了。在这个体系中，前方铁道运输司令部在志愿军总部的作战意图下，紧紧围绕反轰炸斗争和建设钢铁运输线，对负责铁路运输的铁道军事管理总局、铁道抢修指挥所、铁道高炮指挥所，就近实行高度集中统一的指挥，使防空、抢修、突运三者密切配合，协同作战，充分发挥了整体作战的威力。

坚持灵活机动的战略、战术，敌变我变。在对我实施"空中封锁"作战期间，"联合国军"曾对轰炸行动进行了3次调整。第一次是由对我交通线实施全面轰炸调整为对"三角地区"实施重点轰炸，第二次是由对我实施重点轰炸定点封锁调整为机动的重点突击，第三次在原来的基础上又增加了"饱和轰炸"。这些调整，目的只有一个，就是充分发挥"联合国军"机动作战优势，既对交通运输线实施有效轰炸，又最大限度地减少"联合国军"的损失和伤亡。针对"联合国军"的作战特点，我志愿军在不断增强作战力量的同时，采取了许多针对性很强的作战方法和战术手段。比如，针对"联合国军"重点轰炸，我志愿军高炮部队采取的定点设伏战术，针对"联合国军"的机动重点突击，我志愿军高炮部队和空军部队采取的游击战术等等，均收到了很好的作战效果。

坚持战争中的群众路线，充分发挥群众的聪明才智和创造性。作为战斗在最前沿的基层官兵，他们是战争的主角，他们最富有智慧和创造性，他们的聪明才智一经发挥便可以迸发出无穷的力量。在反“绞杀战”中，广大的基层官兵用自己的智慧创造了一整套克敌制胜的好方法。他们创造的对空监视哨，使汽车司机有了“耳目”，不仅减少了汽车损失，而且夜间运输效率由入朝时的63%提高到94%。他们开展的群众性对空射击活动，不但迫使敌机不敢低飞，而且能击落击伤敌机。他们发明的隐蔽、伪装、隐真示假措施，使敌人屡屡上当。他们创造的“列车片面续行法”，“抢22点”，“空、重车循环输送”，修筑大迂回线和便线、便桥等方法大大提高了交通运输效率。人民群众是真正的英雄，他们在作战中的这些发明创造，对有效打破敌人封锁争取战争胜利发挥了至关重要的作用。

反“绞杀战”的斗争表明，虽然我军技术装备处于劣势，但只要善于组织力量，充分发挥群众智慧，完全可以取得对敌作战的胜利。

三

交战时间	1952 年 10 月 14 日—11 月 25 日
交战地点	上甘岭
交战双方	我方：中国人民志愿军第 3 兵团第 15 军、第 12 军 敌方：美第 9 军，辖第 7 师、南朝鲜第 2 师、第 9 师、美第 9 炮兵群、南朝鲜军第 1 炮兵群，美第 5 航空队 1 个大队
指挥将领	秦基伟、崔建功、李德生；马克·韦恩·克拉克、詹姆斯、史密斯、丁一权
交战装备	我方：5 门 122 毫米榴弹炮、24 门 75 毫米山炮、36 门 90 毫米加农炮和 12 门 57 毫米无后坐力炮，12 门 120 毫米迫击炮、54 门 82 毫米迫击炮、162 门 60 毫米迫击炮和 144 门 37 毫米步兵炮、24 门火箭炮，47 门高炮；苏式步枪与冲锋枪

东方"凡尔登"

——上甘岭战役

"联合国军":美式 M2 重机枪、M1 伽兰德半自动步枪、M1 卡宾枪、汤姆森冲锋枪等步兵装备,各种作战飞机(F-80C"流星"战斗机、F-82 全天候战斗机、P-51 野马战斗机、B-29 空中堡垒远程轰炸机、B-26 轰炸机、RF-80A 照相侦察机、RB-29 空中侦察机、T-6 蚊式战术控制飞机)100 余架,轻、重型火炮和坦克炮 1 685 门

| 交战结果 | 粉碎了"联合国军"的"金化攻势",创造了现代战争史上坚守防御作战的范例 |

在上甘岭战役的日子里，有时敌人占了山顶的表面阵地，我们退守坑道；有时我们部队冲出坑道，把表面阵地上的敌人肃清。阵地上的情况往往一天之内多次变化，但是无论怎样变化，有一点是不变的，那就是我们的人始终没有离开上甘岭。

——秦基伟

1

第五次战役结束以后，中朝军队和"联合国军"将战线稳定在三八线附近。

此时，志愿军入朝部队已达步兵 15 个军，地面炮兵 7 个师，高射炮兵 4 个师，装甲兵 1 个师，77 万余人，加上朝鲜人民军 34 万，中朝双方总兵力约为 110 万余人。但是，与美军相比，在技术装备上仍处劣势，特别是空中缺乏支援，难以保障后勤运输的通畅。

而美军方面，经过八个多月的苦战，在付出了巨大的代价之后，也逐渐熟悉了志愿军的作战特点，使得志愿军很难成建制地歼灭美军。

就这样，双方不约而同地感到以现有力量和手段无法将对手赶出朝鲜，因此，在 1951 年 6 月上旬，朝鲜战争进入了第二阶段——以防御为主的阵地战。

这一阶段持续了两年零一个月，双方采取了战略上的总体防御，战术上局部进攻的策略，企图打破对方的防御，取得主动，以配合谈判桌上所进行的政治外交斗争。

上甘岭战役就是在这一大背景下进行的。

2

在上甘岭战役之前，美军针对志愿军制订了一系列的作战计划，但是由于政治外交方面的原因，大多胎死腹中。

1951年8月末，范佛里特提出了代号为"猛禽之爪"的作战计划，企图在元山实施登陆，攻击中朝军队的侧后，协同正面战线的部队取得突破。李奇微认为该计划规模过大，凭美军在朝鲜的现有兵力根本无法实施，而且发动这样的作战将使刚开始的停战谈判彻底破裂，有引起战争升级的危险，当即予以否决。

1951年9月，范佛里特又向李奇微提交代号"兰格拉"（WRANGLER）的作战方案，计划以两个师在库底登陆，正面部队同时发起攻击，将战线推至平康—淮阳—库底一线。同时上报的还有第一军军长奥丹尼尔少将拟订的代号"指令"方案，作为后备方案。李奇微认为实施"兰格拉"作战，极有可能会引发对平康—铁原—金化三角地区的争夺，战争的发展将会失去控制。而"指令"方案只攻击正面战线上的一些前沿阵地，既不会引发大规模战斗，又较容易达到目的。所以就批准了"指令"计划，范佛里特根据这一计划，于10月底发动了秋季有限目标的局部攻势，仍没有取得突破性的进展。

1951 年 12 月，范佛里特的长子小范佛里特空军中校，在驾机轰炸物开里地区时被击落，生死不明。从此以后，范佛里特报仇心切，攻击欲望惊人之强。1952 年 3 月，又向李奇微提出了以平康地区为目标的"还乡"作战计划，李奇微考虑到停战谈判刚有进展，此时发动攻势有点不合时宜，拒绝了这一计划。

1952 年 4 月，范佛里特制定了进攻西方山的"筷子 6 号"和攻击南江河地区的"筷子 16 号"作战方案，一起呈交李奇微。李奇微基本同意了"筷子 6 号"，但同时提出了两个附加条件，一是只动用李承晚军队，不使用美军；二是在进攻发起前必须要经过批准。但就在即将发动攻击前夕，5 月 7 日巨济岛战俘营的中朝战俘扣押了战俘营最高指挥杜德准将，以抗议遭受的不公正待遇。国际舆论一片哗然，在这种情形下，李奇微只得将"筷子 6 号"计划无限期推迟。

1952 年 6 月，艾森豪威尔为参加总统竞选辞去欧洲盟军总司令，这一遗缺就由李奇微接任。而李奇微的"联合国军"总司令兼远东战区总司令一职则由陆军野战部队司令克拉克上将担任。

克拉克出身军人世家，1917 年毕业于西点，是李奇微的同学，1942 年任北非盟军副总司令，参与指挥了北非战役；1944 年担任第五集团军司令，全权指挥盟军在意大利地区的作战，此时，李奇微任第82 空降师师长，还在他的指挥下工作；二战后，作为奥地利驻军司令兼高级专员，代表美国与苏联的科涅夫元帅就奥地利的中立问题，进行过长达两年之久的艰苦谈判。选择克拉克接任"联合国军"总司令

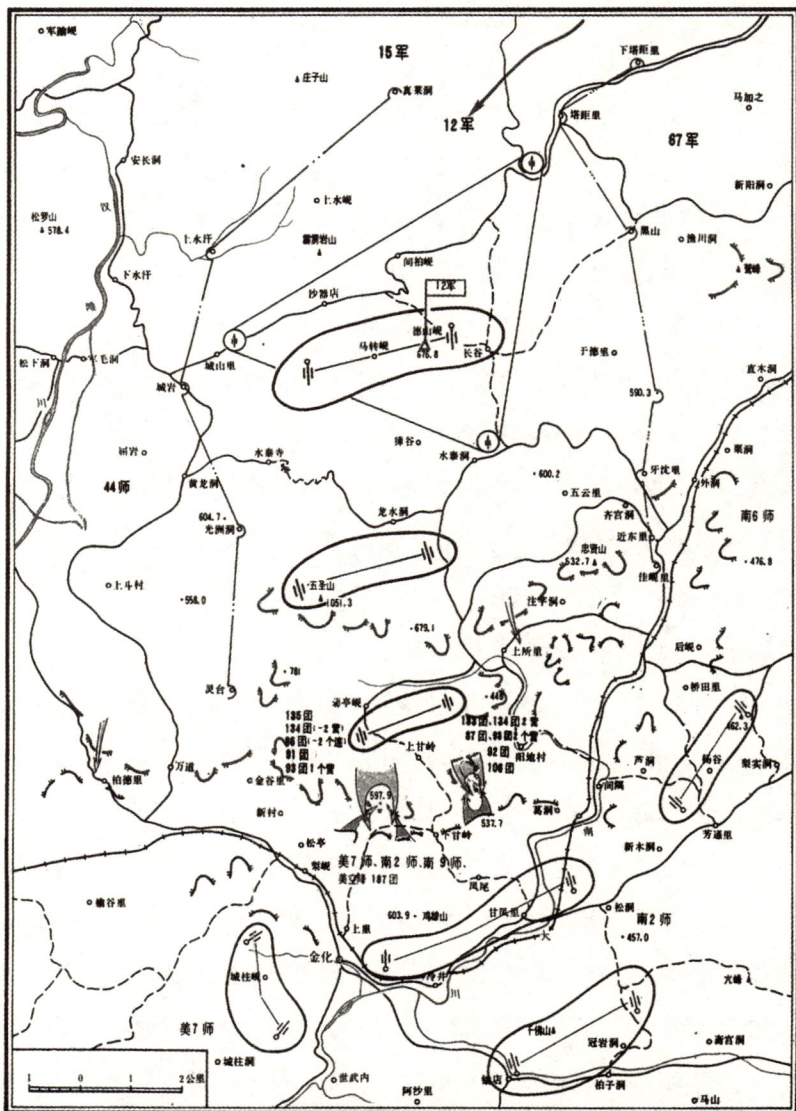

◇ 上甘岭战役要图（1952 年 10 月 14 日—11 月 25 日）

兼远东战区总司令，就是因为他有过与共产党国家谈判的经历与经验。也正因为有这样的经历，他比较具有政治头脑，处事也谨慎。他一上任就再次拒绝了范佛里特提出的攻击平康谷地的计划。

1952年9月，范佛里特又提出了代号"摊牌"行动的"金化攻势"，攻击三角形山和狙击兵岭两个高地（即597.9和537.7高地）的方案，10月5日，他在给克拉克的信中说："为了扭转局势，我们必须首先采取小规模的进攻行动，使敌人陷于被动的防守地位；目前我们部队是为应付敌人的进攻而采取防守行动，致使我们遭到了1951年10月和11月以来所有战斗中最惨重的伤亡。"范佛里特说，在金化以北不到3英里的地方，美第9军和志愿军的军队都没有工事，双方间隔只有200米。在598高地（即597.9高地，美军也称"三角形山"）和该高地东北而大约1英里多的地方有一条从西北伸向东南的狙击兵岭山脉（指537.7高地北山），那里的敌人正好卡住了我方的咽喉，故此死伤就相应要大得多。假如能把敌人驱逐出这些山头，他们将不得不后撤到1 250码（合1 143米）以远的另一个防守阵地。考虑到目前弹药库存所能提供的最大火力以及空中力量的最大近战支援，美第8集团军司令对"摊牌"计划的实现是乐观的。

虽然克拉克过去曾反对冒险行动，但现在情况不同了。第七届联合国大会即将于10月14日开幕，朝鲜问题将要提交新一届联合国大会讨论，美国当局需要"联合国军"在朝鲜军事行动的配合，以占据政治上的有利地位。同时，给参加"联合国军"的其他国家一点"胜利"刺激，让他们投入更多的金钱和生命。在停战谈判中，美方迫使朝中方面接受其企图强迫扣留战俘的"自愿遣返"原则，在遇到坚决拒绝的情况下，9 月 27 日，杜鲁门写信给克拉克，在这封信里，杜鲁门指令克拉克，如果共产党仍不接受"自愿遣返"原则，那么"联合国军"司令部代表将无限期休会，最重要的是"不能减少军事压力"。

鉴于此，克拉克认为军事上的压力是必须的。"摊牌"将可以非同寻常地创造一个机会，可以不付出过大的牺牲就拿下一些阵地。假如一切按计划行事，仅美国第 7 师和李承晚军第 2 师的 2 个营就可以圆满完成这一使命。野战部队司令官们估计，此行动将进行 5 天，由于有 200 多架次飞机和 16 个炮兵营 280 余门大炮的支援，步兵不会遇到很大的障碍，只要付出 200 人的伤亡代价就可达到目的。

10 月 8 日，美方代表单方面中断谈判会议，宣布无限期休会。同一天，克拉克批准了"摊牌"计划。

3

范佛里特"摊牌"计划的攻击目标，是志愿军在上甘岭地区防守的 597.9 高地和 537.7 高地北山。

上甘岭是志愿军中部战线战略要点五圣山的前沿阵地，位于五圣山主峰南 4 公里处。五圣山位于金城、金化、平康这一三角地区的中央，主峰海拔 1 061.7 米，是战线中部地区的最高峰。它西邻平康平原，东扼金化经金城到东海岸的公路，南距"联合国军"占据的金化只有 7 公里。

597.9 高地和 537.7 高地北山，均位于上甘岭以南，537.7 高地北山在东，597.9 高地在西。这两个高地互为犄角，是五圣山的屏障，可直接瞰制金化东北"联合国军"防守的鸡雄山阵地和金化以南开阔地带，总面积 3.7 平方公里，由志愿军第 15 军第 45 师第 135 团各 1 个连防守。

1952 年 4 月，志愿军司令员彭德怀在桧仓志愿军总部召开志愿军军以上干部会议，会上决定将战略预备队第 15 军调往中部战线，接替第 26 军在五圣山、斗流峰、西方山一线的防御。会议结束后，彭德怀特意留下了第 15 军军长秦基伟，叮嘱他："五圣山是朝鲜中部的关键，失去了五圣山，我们在 200 公里范围内将无险可守。谁丢了五圣山，谁就要对朝鲜历史负责！"

五圣山位于朝鲜中部，平康东南约 19 公里，海拔 1 061.7 米，南面山脚下，有五个高地犹如张开的五指，范佛里特瞄准的 597.9 高地和 537.7 高地就像是其中的拇指和食指。这两个高地一旦失守，那五圣山就会陷入三面受敌的情况，而五圣山一旦失守，那么志愿军整个中部战线便有全线崩溃的危险。

15 军重任在肩。

4

15 军隶属第二野战军，前身是中原野战军第 9 纵队，1947 年 8

月由几支地方部队组建而成。军长秦基伟出身红四方面军，曾是徐向前的手枪营连长，参加过西路军远征，被马家军俘虏又寻机逃出，可谓大难不死。

9纵最初在中野是敲边鼓的角色，大仗轮不上，只能当当配角。到了郑州战役，终于时来运转。在中野四个纵队参与的围歼战中，9纵腿最快，迎头堵住国民党军一顿好揍，结果独立歼敌1万余人，缴获无数，装备和士气一下就上来了。在跃进大别山的战略行动中，9纵实力保得最好，是中野各部队中最先恢复元气的。在淮海战役中，9纵大挖地道，第一个攻入了黄维的兵团部。

1949年，9纵被整编为第15军，作为二野渡江先遣军，在安徽望江县仅用50分钟就突破长江防线，随即沿浙赣线长驱直入，横扫闽浙赣。而后又接连参加广东、广西战役，席卷两广。仅仅几年的工夫，这支解放军战斗序列中的"新兵蛋子"就被锤炼成一支兵强马壮的虎贲之师。

1951年3月，第15军作为第二批志愿军入朝参战，下辖第29、44、45三个师，全军约5万人。

15军一入朝就赶上了第五次战役。在战役第一阶段，歼灭了美军第2师38团大部和第3师一部，取得了不小的战绩。在战役撤退阶段，志愿军的撤退计划被美军的反击打乱，局势异常险恶，15军因连日恶战战斗减员高达1.5万，几乎占全军三分之一，在此情况下，被紧急调往南芝浦里地区实施防御，阻止美军的快速推进，掩护友邻重新集结部署。在缺弹少粮的情况下，在角屹峰、朴达峰一线组织防御，殊死恶战10昼夜，以2 000人伤亡的代价，歼敌5 700余人，守住了阵地。战后,彭德怀满怀激情地致电第 15 军:"我十分感谢你们!"在彭德怀的军事生涯中,这样充溢着感情色彩的电报是非常罕见的,15 军在作战中的优异表现,可见一斑。

5

1952 年 4 月 20 日,15 军正式接管 26 军东起五圣山,西至斗流峰、西方山,正面宽约 30 公里,纵深约 20 公里,总面积约 567 平方公里的防区。

进入阵地后,15 军指战员立即开始构筑以坑道为骨干的支撑式防御工事,到 8 月份,一共构筑了 300 余条坑道,总长达 9 000 米;堑壕、交通壕 50 000 余米;反坦克壕四道;铺设铁丝网 5 000 余米。

15 军进行如此浩大的战场工程实属无奈,因为面对美军世界一流的武器装备,我军没有制空权,地面炮火很少,坑道就成了唯一可行的山地防御方式。

在武器装备方面,双方的差距是巨大的。在火炮方面,15 军全军配属火炮为 5 门 122 毫米榴弹炮、24 门 75 毫米山炮、36 门 90 毫米加农炮和 12 门 57 毫米无后坐力炮,步兵伴随火炮为 12 门 120 毫米迫击炮、54 门 82 毫米迫击炮、162 门 60 毫米迫击炮和 144 门 37 毫米步兵炮。而当面美军第 7 师一个师就拥有 6 门 114 毫米多管火箭炮、24 门 155 毫米榴弹炮、72 门 105 毫米榴弹炮、36 门 107 毫米迫击炮,步兵伴随火

✿ 无后坐力炮手，向敌人坦克开炮

炮为 54 门 81 毫米迫击炮、54 门 75 毫米无后坐力炮、81 门 60 毫米迫击炮。在轻武器方面，由于 15 军为第二批入朝部队，装备比很多兄弟部队还要稍好一些，主要装备为苏式装备，步兵使用的轻武器中步枪与冲锋枪各占一半，即使这样，与美军相比差距还是十分巨大。以各自的一个步兵连相比为例：15 军第 44 师 130 团 4 连，全连齐射，平均每秒可发射 2.32 发子弹，没有炮弹发射量；美第 7 师第 17 团 1 连，全连齐射，平均每秒可发射 22.62 发子弹和 0.45 发炮弹。火力对比可谓悬殊。

在构筑工事的同时，15 军还利用五圣山地区复杂的地形开展了被称之为"冷枪冷炮运动"的狙击活动。挑选优秀射手，以步枪、轻重机枪、单炮或者单辆坦克，依托阵地采取固定或者游击方式狙击敌方暴露目标。在四个月的冷枪冷炮运动中，15 军共歼敌 19 982 人，其中仅 135 团就歼敌 2 000 余人，该团 6 连防守的 537.7 高地北山被美军满怀恐惧地称之为"狙击兵岭"。

537.7 高地北山和"联合国军"占据的 537.7 高地共处一条山梁，

两个阵地相距只有 150 米。该阵地位置极为重要，是志愿军防御的要点，它可直接控制金化至金城的惟一公路，控制"联合国军"中线与东线的连接点，也被美军称之为"狙击兵岭"。

597.9 高地由 3 个小山头组成。最高峰在南面，"联合国军"称之为"三角形山"。该高地与"联合国军"占据的鸡雄山北南对峙，之间仅隔有一条公路。志愿军将山上重要无名高地分别编号，以便使用炮火和作战指挥。597.9 高地共编为 14 个阵地：沿两条山脊，形成一个前三角形，编为 8 个阵地，即西北方向山脊从后到前分别编为 6、5、4、0 号阵地，东北方向山脊从后到前分别编为 2、8、1、3 号阵地，3 号阵地是前三角的顶点，是主峰。在 3 号阵地西南是 10 号阵地，在 3 号阵地正面是 9 号阵地，再往东南是离"联合国军"最近的 7 号阵地。山脚东面是 11 号阵地，其西南是 14 号阵地、东南是 15 号阵地。第 11、15 号阵地东北面就是小村庄上甘岭，其东面有一条山间公路，公路以东就是 537.7 高地北山。

10 月 2 日，李承晚军第 2 师一个参谋投诚，供称"联合国军"将向这一地区发动攻势，志愿军第 45 师遂将防守该两高地的兵力分别增加到 1 个营。

其实，早从 8 月起，五圣山一线美军就出现过许多不同寻常的行动，范佛里特和美韩军的军、师长来到五圣山对面的金化地区视察多达五次；而美韩军各级团、营、连长抵近 597.9 和 537.7 高地观察地形更是难以计数；美军工兵部队和劳工日夜施工，拓宽五圣山正面鸡雄山一带的公路。10 月份以来，美军在金化公路终日施放烟幕，掩盖庞大车队的繁忙运输，仅观察到的就有 25 万辆次，平均每日高达 2 100 辆次，以每辆汽车运输物资 2.5 吨计算，总运输量达 62.5 万吨；在五圣山上空活动的侦察机架次明显增多；美韩军的小股部队出击次数也非常频繁，很显然是在进行总攻前的试探性攻击；五圣山正面美韩军的炮火数量几乎增加了一倍，并开始有计划地逐步摧毁五圣山一线的志愿军防御工事；45 师前沿阵地连续有三名哨兵被敌捕去。这些征兆表明，美军将要在上甘岭地区发起攻势。

在"联合国军"方面，范佛里特决定由美第 9 军指挥的美第 7 师和李承晚军第 2 师担负"金化攻势"的任务。

在进攻开始前，范佛里特调整了部署，由美第 7 师第 31 团接替鸡雄山李承晚军第 2 师 1 个连的阵地，作为其进攻集结地；将美第 9 军预备队美第 40 师从加平调至金化西南芝浦里、云川里地区；将原属美第 1 军指挥的美第 3 师调至铁原西南归美第 9 军指挥。为隐蔽进攻上甘岭的企图，利用夜间增兵，白天用汽车载少量兵员后运，在坦克上插上旗子沿金化、铁原公路向西开，给人以将进攻西方山的假象。

经过细致的准备以后，"联合国军"于 10 月 14 日发起了"金化攻势"，以美第 7 师攻击 597.9 高地，以李承晚军第 2 师攻击 537.7 高地北山。

从这一天起，著名的上甘岭防御战就打响了，整个战役持续 43 昼夜。

7

　　1952 年 10 月第 15 军在五圣山一线的部署是：第 44 师并第 29 师的第 87 团，共 4 个步兵团、7 个炮兵营和 1 个坦克团为右翼，各团采取后三角配置，全师成 "L" 形部署于平康谷地东侧，与第 38 军防区相接；第 45 师 3 个步兵团和 2 个炮兵营凭五圣山之险，防守左翼；第 29 军的第 85、86 团为军预备队。从这一部署上可以看出，秦基伟是把无险可据的平康谷地作为防御重点，不仅准备了绝大部分的炮火，而且所使用的步兵第 44 师，是 15 军的主力师。与 15 军相邻的第 38 军则是志愿军野战军中最具战斗力的部队，因在第二次战役中的赫赫战功而被誉为"万岁军"，这两个主力军联手防守平康谷地，其重要性不言而喻。而五圣山一线，山高坡陡，地形复杂，一般人都不认为美军会选择这里发动攻势，相对所部署的兵力火力都少一些。熟悉 15 军的人，还可以看出秦基伟排兵布阵是颇费苦心的，44 师以野战攻坚见长，部署在地形平坦的平原地区；45 师擅长防御，解放战争中曾多次出色完成阻击防御任务：1947 年 10 月在进击豫陕鄂边的作战中该师阻击国民党军精锐部队整编第 3 师 20 余小时，为主力围歼敌第 5 兵团创造了有利条件；1948 年 3 月的洛阳战役中，该师阻击国民党军五大王牌之一的第 18 军，在敌猛烈炮火甚至使用毒气的情况下，坚守阵地达两昼夜之久，未丢失一处阵地，为总攻洛阳赢得了宝贵的时间；

1948年10月郑州战役中，正是该师的一个团在薛岗以少敌众阻击北撤的国民党第40军，一直坚持到主力赶到，才有了全歼40军的辉煌战绩。入朝后，在五次战役中打出了堪称典范的朴达峰阻击战。现在被安排在地势险要的五圣山，这样的部署可谓万无一失。

在发起进攻以前，美军为配合对上甘岭的进攻，分散志愿军的注意力，其第7师和南朝鲜军第9师共4个营的兵力，分别向上甘岭附近志愿军第15军第44、29师正面的几个高地发起进攻；10月13日，"联合国军"6艘航空母舰、4艘巡洋舰、30余艘驱逐舰和驻日美军骑兵第1师一部，在朝鲜东海岸高城以东海面举行近似实战性质的"敌后实战演习"。美军舰炮和航空兵对东海岸人民军阵地进行猛烈轰击，还有30余架运输机从正面战线飞过，配合演习。

但是，志愿军并没有上当。

从10月12日起，"联合国军"以大量空军和炮兵，对志愿军五圣山主阵地、上甘岭和597.9高地、537.7高地北山，进行了持续两天的火力轰击。10月14日，在经过了两个小时的直接炮火准备后，"联合国军"于当日5时开始，以美第7师第31团全部、南朝鲜军第2师第32团全部、第17团1个营，共7个营的兵力，在300余门大炮、27辆坦克、40余架飞机的支援下，分6路向志愿军第45师135团防守的两个高地，发起猛烈进攻。

"联合国军"来势很凶，第一天即向志愿军的两个阵地及其周围发射了30余万发炮弹，投掷500余枚炸弹，并分别以1个排至1个营的兵力多路多梯次地发起冲击，企图一举拿下两个高地。每一次冲击，都以强大炮火对阵地进行压制和破坏，并以航空兵集中封锁压制志愿军纵深指挥所、观察所和炮兵发射阵地。

如此猛烈的炮火，使得在坑道中的志愿军守备部队觉得简直就像是乘坐着小船在波浪滔天的大海上颠簸，强烈的冲击波使不少人牙齿磕破了舌头、嘴唇，甚至还有一个十七岁的小战士被活活震死！幸存者回忆起当时的情景，都不约而同以地狱来形容，其恐怖由此可见。15军四个多月苦心修筑的野战防御工事在如此猛烈的炮火下荡然无存！

这是朝鲜战争中单位面积火力密度的最高纪录。

坑道里的志愿军守备部队步话机在炮击刚开始就立即呼叫千米之外的448高地营指挥所，但炮火实在太猛烈，步话机的天线刚刚架起，就被炸掉，在短短几分钟里，坑道里储备的十三根天线全数被炸毁，仍无法与指挥所沟通联系。而电话线更是被炮火炸得不成样子。营部电话班副班长牛保才冒着铺天盖地的炮火前去查线，他一路上边躲避炮火，边接上断线，随身携带的整整一大卷电话线用完，还差了一截！已经多处负伤的牛保才来不及多考虑一手抓起一头断线，用自己的身体接通了线路，用生命换来了三分钟的通话时间，在营指挥所的135团副团长王凤书就在这宝贵的三分钟里向坑道部队下达了作战命令。

美军猛烈的炮火也同时惊动了位于四公里外真莱洞的45师师部，当时45师只有师长崔建功在指挥岗位，师政委聂济峰正在3兵团政治部学习，副师长唐万成则在基层部队检查工作，参谋长崔星回国参加国

❍ 表面阵地被敌占领，战士们退守坑道，继续坚持战斗

庆观礼还没回来。战斗进行了几个小时，师部与前线部队的联系完全中断，对敌情我情一无所知，崔建功只得命令师侦察连派人去前线了解情况，第一批人在半路上牺牲了，第二批两个人几经周折终于来到 597.9 高地的 5 号阵地，此时阵地上只剩下一个战士了，美军正蜂拥而来，他俩毫不犹豫立即投入战斗……师部知道具体情况已经是 14 日的黄昏了。

15 军军部设在上甘岭以北二十多公里的道德洞，14 日一天军部只知道美韩军对 45 师正面五圣山前沿的 597.9 和 537.7 高地、29 师和 44 师正面的 391 高地、芝村南山、上佳山西北无名高地、419 高地都发动了攻击，其他具体情况一无所知，秦基伟只好命令五圣山侧翼的观察所每半小时报告一次情况，同时请求左右邻的 38 军和 12 军通报各自正面的情况。秦基伟认为当面美韩军只有美第7师和李承晚军第2师，共两个师的兵力，单以这两个师的兵力是不可能同时攻击几个方向的，其中必然只有一个是主攻方向，其他则是牵制性的佯攻，但要立即判断出哪个是主攻，现在根本无法做到，只有走一步看一步了。

就在各级指挥员心急如焚的时候，上甘岭的战斗全面展开了！5时，美军经过一小时炮火准备后，开始火力延伸以压制纵深目标。同时，步兵开始冲锋，最先与美军接火的是9连597.9高地11号前哨阵地上的一个班，但班长使用兵力不当，一下就把全班投入了战斗，在美军猛烈炮火下，很快蒙受了巨大伤亡，等打退美军四次冲锋后，就只剩下一个战士了，他只好退入坑道坚持战斗。防守2号阵地的8连1排见11号阵地失守，排长立即组织两个班前去反击，力求乘敌立足未稳夺回阵地，但这两个班在半路上就遭到了美军炮火覆盖射击，只剩五个伤员被迫退回2号阵地，这样一来，1排反击未成，反而损失兵力大半，连防守2号阵地都很困难了。11时许，2号阵地就因守备兵力伤亡殆尽而告失守。东南的7号阵地因此陷入孤立，随即也被美军占领。只有最关键的9号阵地，由9连副指导员秦庚武指挥3排防守，秦庚武见美军炮火异常猛烈，如果在阵地上一下投入兵力越多，那么伤亡也就越多越快，所以他只在表面阵地上投入三个人，伤亡一个就从坑道里补充一个，打得从容不迫，9号阵地因此成为597.9高地的中流砥柱，始终顶住了美军的进攻。9号阵地是主峰的门户，位置极其重要，只要9号阵地不失，那么597.9高地就可保无忧。经一上午的激战，美军攻击部队7师31团的2营、3营损失均超过了70%，美军比较忌讳部队成建制消耗，就未敢再使用1营，将31团撤下去休整，换上第32团接着再战，一直打到黄昏，也未能攻下597.9高地。

537.7高地上，也同时遭到了攻击，李承晚军第2师32团以一个营分三路发动猛攻，我守备部队1连依托被炮火严重摧毁的阵地英勇坚守，战斗之顽强被李承晚军战史称为史无前例，李承晚军地面部队攻击连连被击退，只得召唤美军的航空兵火力支援，美军出动了二十余架B-26轰炸机投掷凝固汽油弹，阵地成为一片火海，李承晚军乘势猛攻，最前沿的8号阵地只剩下三个伤员，无力再战，正准备退入坑道，却被已经冲上阵地的李承晚军的一挺机枪压制在离坑道口十余米处，这挺机枪附近正巧是因多处负伤而昏迷的孙子明，他被枪声惊醒，看到这情景，大吼一声扑了过去，李承晚军的机枪手猝不及防被吓得魂飞天外，掉头就逃，孙子明刚想把机枪掉过头去射击，另外一股十多个敌人已经涌了上来，他见来不及开火，一把抓起身边的三颗手榴弹，朝着这股敌人扑去，与敌同归于尽，他也就成为在上甘岭战役中与敌人同归于尽的三十八个勇士中的第一人！直到十二时许，经过了七个多小时的激战，李承晚军攻上了主阵地，再经过二十多分钟惨烈无比的白刃肉搏，才占领了阵地。至下午2时，1连仅存二十余人，退守坑道，537.7高地除9号阵地外的其余表面阵地都告失守。

9连和1连在激烈的战斗中，将战前储备的弹药消耗殆尽，共发射了近四十万发子弹，投掷手榴弹、手雷近万枚，由于长时间高强度持续射击，武器损耗也非常惊人，总共打坏10挺苏式转盘机枪、62支冲锋枪、90支步枪，占全部武器的80%以上！战况之激烈，可见一斑。

由于第45师大口径火炮射向和观通设备，主要指向了注字洞南山，因而14日这天能支援上甘岭步兵作战的，只有3门榴弹炮、6门日式山炮和6门野炮，无法压制敌人炮火。在敌炮火摧毁性的轰击下，上甘岭上苦心构筑了4个多月之久的野战工事，以及铁丝网、陷阱、反坦克壕等副防御物被摧毁殆尽。因此，在这次战斗中，9连和1连的志愿军官兵们在只能依靠轻武器情况下，与7个营的敌军兵力浴血奋战，"联合国军"最后也只夺去了半个上甘岭的表面阵地。

8

10月14日黄昏，当群山渐渐被暮色所笼罩时，我第45师135团4个连的反击部队也准备就绪，分四路逼近上甘岭。

19时，反击部队发起了攻击。

美韩军占领阵地后，因为战斗激烈异常，官兵都疲惫不堪，也没时间构筑工事，只是用麻包简单地筑起了一些临时野战火力点。志愿军的反击部队原计划采取偷袭，但被美军发觉，随即改为强攻，敌军立足未稳，顶不住志愿军生力军的冲击，经两个多小时的鏖战，反击部队就将白天失去的阵地全数收复。

夜战中，该团的两个优秀排长英勇战死。一个叫孙占元，一个叫粟振林，是从同一块贫瘠土地上走来的豫西后生。两人分别在597.9高地和537.7高地北山上身负重伤，分别被一群敌人包围，尔后又几乎在同一个时辰里，以同样的方式滚入敌群，拉开手雷的弦线与敌人同归于尽。

当夜 10 时，第 45 师召开紧急作战会议，调整作战部署，决定：

一、立即报军批准，停止对注字洞南山的反击；为反击注字洞南山所准备的弹药、给养、器材，于 15 日 21 时前全部转用于上甘岭方向。

二、为避免部队横向运动造成建制混乱，确定由第 133 团团长孙家贵负责指挥 537.7 高地北山的战斗；第 135 团团长张信元负责指挥 597.9 高地战斗。

三、师炮兵群由唐万成副师长和军炮兵室副主任靳钟统一指挥。

四、第 134 团为师二梯队，随时准备投入战斗。

五、各级指挥所前移。师指挥所前移至德山岘；第 133 团指挥所前移至上所里北山；第 134 团与第 135 团组成五圣山联合指挥所……

随后，崔建功就将师指挥所前移至德山岘。

这一晚，15 军后勤部也召开了党委常委会，根据战况和军首长的作战决心，对后勤部署进行了调整，将主要力量用于五圣山方向。后勤部第 2 分部根据志愿军总部的指示，决定除第 9 大站继续供应 15 军以外，第 6 大站、第 17 大站、第 28 兵站医院、第 13 兵站医院均要保障 15 军的作战任务。

在 14 日这一天里，"联合国军"共向上甘岭发射投掷了 30 余万发炮弹，500 多枚重磅航空炸弹。猛烈的炮火，使长满混交杂树林、植被丰茂的两高地，炸成寸草未剩的光山秃岭。岩石层被炸成 2 米多厚的屑片粉末。面积达 9 公顷的上甘岭主峰，从此少了条测绘曲线，被炮弹削低了整整 2 米。根本来不及散去的硝烟完全遮蔽了太阳，使得很多幸存者都认为那个晴朗的日子是个阴天！第 45 师前沿部队伤亡 550 余人。

9

15 日，敌军再度猛攻，又是一整天的残酷恶战，日落时分，美第 7 师终于拿下了 597.9 高地西北山梁上的 6 号、5 号、4 号、0 号阵地和主峰，李承晚军第 2 师也占领了 537.7 高地大部分阵地。——直到此时，上甘岭的战斗已持续了两天，志愿军总部还没有判明美军的作战企图。

尽管 14 日志愿军第 45 师已经浴血奋战一整天，但是这也还不足以说明敌人攻击重心之所在。因为这一天里，敌人攻击上甘岭的同时，范佛里特为隐蔽自己的主攻方向，在突然攻击上甘岭的同时，又以美第 7 师与李承晚军第 9 师的 5 个多营的兵力，向第 29 师和第 44 师防御正面上的 391 高地、芝村南山、上佳山西北无名高地、419 高地实施猛烈的钳制性攻击，摆出夺取西方山的架势，成功地达成了蒙蔽效果，造成志愿军总部和第 15 军主次战场莫辨的判断紊乱。

10 月 15 日 14 时 30 分，志愿军总部指示 15 军并第 3 军团：

　　根据第三十八军反击三九四点八高地的经验教训，在目前要
打敌人一个加强营的阵地所付出的代价太大（伤亡与消耗），敌必
拼死夺回，最后亦难控制。目前，敌经我连续反击后，均已加倍
准备，且敌正在向你军正面发起局部进犯，因此你军应集中力量，
准备粉碎敌人的任何进犯，并组织不断的小反击作战，求得大量
毙伤敌人，多取得经验。反击注字洞南山暂不进行为宜。

　　这份电文是对 15 军 13 日上报的反击注字洞南山计划的答复，指示
根据其他部队的经验，反击敌营以上部队据守的阵地，代价太大，而且
因敌兵力较多抵抗也激烈，战斗不易迅速解决，故对注字洞南山的反击
暂不进行为宜。电文中只字未提上甘岭战斗，因此完全可以说，经过两
天的激战，志愿军总部首长还没有意识到上甘岭是美军的主攻方向！这
也从另一个角度说明美军此次"金化攻势"准备之充分，战略之狡诈。

　　最先敏感地意识到"联合国军"攻击方向的是第 15 军军长秦基伟。

　　40 年后的一天，秦基伟回忆说："1952 年 10 月 14 日这一天，是
我一生中又一个焦急如焚的日子。"

　　激战至午后，敌人在其他方向上的进攻逐渐减弱，唯独在 597.9
高地和 537.7 高地北山的攻势有增无减。

　　14 日晚，秦基伟摊开日记本，就着作战室小马灯的光亮，写道：
"10 月 14 日——激烈的战斗在五圣山的前沿阵地全线展开了。敌军在
同一时间里向我军 40 公里的正面进犯……从黎明前后，美七师、李承

晚军二师抽调 3 个团的步兵，在大炮 300 余门、飞机 50 架、战车 47 辆的掩护下，向我上佳山（新占阵地）、艺林南山（新占阵地）419、597.9、537.7 等阵地进攻，其中以五圣山前沿 597.9 及 537.7 高地为最激烈。敌人仅在上述 2 个阵地上，便使用了美军 2 个营、韩军 4 个营的兵力，激战至上午 10 时，除五圣山前沿仍在继续反复争夺之外，其他次要方向，敌军全被击退，再也没有动作了。"

由此看来，秦基伟此时已经透过猝来的纷乱现象初步探明了美军的主要进攻方向。

激烈的战斗一刻也不会延迟，从 15 日起范佛里特又先后投入两个团另 4 个营的兵力，在坦克、炮兵和飞机的支援下，轮番进攻。到 16 日，在敌人的连日猛攻下，第 45 师已有 15 个连队投入争夺固守，歼敌近 5 000 人，上甘岭之战却毫无要结束的意思，在血肉飞溅的残酷性中，又透出此役的长期性来。

此时，秦基伟已经完全把住了范佛里特的脉搏。

秦基伟本来觉得平康平坦，便于进攻，认为敌人攻西方山的可能性大，但是范佛里特却偏偏选择了地形险要的五圣山作为主攻阵地，五圣山前的 597.9 高地和 537.7 高地北山特别突出，美军选择接合部、突出部进攻可避免两侧火力杀伤。如果选择进攻平康，则会遭到 15 军、28 军打击，攻牙沈里又会遭到 15 军和 12 军打击。而攻 597.9 高地和 537.7 北山，则只会面对 15 军的防守和纵深威胁。

秦基伟同时还分析了美军以鸡雄山为攻击出发阵地的原因，因为鸡雄山距我前沿很近，可用火力直接掩护。金化交通又方便，可屯兵，并且利于调动。"联合国军"如果夺取五圣山，不但西方山不保，更有条件从昌道里攻通川。不攻五圣山，直接攻通川，其侧翼便暴露在我军面前。敌攻五圣山，利弊均占。秦基伟感叹："范佛里特确实是从战略上战术上都分析了利弊。"

抓住了范佛里特的狐狸尾巴之后，秦基伟当即决定：

第一，45 师改为主攻，44 师则改为助攻。

第二，军、师组织火炮向上甘岭机动，并组成炮兵指挥所统一指挥。

第三，建立后方供应机构，加强后勤保障，除原先储备的弹药外，另为一线部队每连增加配备 8 000 枚手榴弹，三个月的补给品储备量，并积极组织向坑道补充弹药、食物和饮水。

10

45 师，这支长期充当配角跑龙套的部队终于得到了补偿，在一场举世罕见的大战中当一回主角。

无论在范佛里特还是在秦基伟眼里，45 师都比 44 师要弱，但这是从两个师攻击力上的对比，45 师由于长期作为偏师，经常为保障主力攻击而担负阻击防御任务，有着丰富的防御战经验，形成了顽强坚韧寸土必争的战斗作风，在这一点上，范佛里特无疑是选错了对手。

时任师长崔建功，1915 年出生在河北魏县的一个家道中落的进士家庭，1934 年为家事愤而出走，在汉口投军参加了东北军的第 109 师，1935 年在直罗镇战役中被红军俘虏，随即参加了红军，任红十五军团 73 师政治部敌工干事，抗日战争中历任八路军 115 师敌工股股长，营教导员，团政治部副主任、主任、政委。直到 1945 年 10 月，解放战争刚开始时的邯郸战役中，因太行军区七分区司令张廷发在战斗中负伤，临时指定他来指挥，这一仗他尽展其指挥才干，率部坚守阵地两天两夜，将敌援军击退。当晚就被刘伯承任命为七分区代理司令，从此就由政工改行，成为指挥作战的军事主官，后历任副旅长、旅长、师长。朝鲜战争结束，回国后历任副军长、昆明军区参谋长。1955 年被授予少将军衔。

17 日，战斗进入第四天，越来越惨烈，阵地得而复失，失而复得，一天之中几度易手，每次易手就伴随着天翻地覆的炮击和天昏地暗的拼杀，阵地上尸横遍野，鲜血染红了高地。由于战场地域狭窄，最多只能展开两个营的部队，双方只能采取逐次增兵的添油战术，一个营一个连，甚至一个排一个班地投入作战。这天，南朝鲜军第 2 师最大的收获是知道了志愿军在阵地上挖有坑道。这是 45 师的一个火线运输员送弹药时，因为连日炮火轰击，地形地貌完全改变，他在阵地上寻找坑道口时被南朝鲜军俘虏，在审讯中他随口说我们挖有坑道，你们打炮时我们进去，打完炮再出来。也许他觉得这不算什么秘密，但却解决了敌军几天来一直困惑不解的难题：在如此猛烈的炮火下，怎么还会有人生存下来？对此敌军极为重视，特意派南朝鲜第 2 师的中校情报参谋带了精干侦察人员前往核实，这才搞清楚，志愿军果然利用坑道对付炮火轰击。

18 日凌晨，美第 7 师、南朝鲜第 2 师的两个番号都是第 17 的团，各以一个营的兵力，依托占领的阵地进行战斗扩展，攻击甚烈。

南朝鲜第 2 师 17 团是南朝鲜最善战的部队。1950 年 6 月 25 日，海州湾的瓮津半岛响起了朝鲜战争第一枪时，警戒瓮津半岛的南朝鲜守备部队，就是这个第 17 团。编入南朝鲜第 2 师之前，该团一直是南朝鲜军唯一的机动打击部队，配属美军连续参加了多次重要作战，连美国第 8 集团军司令官沃克都很信任这个团队。

美 17 团是莱斯顿上校指挥的二战中参加过南太平洋瓜加林岛血战的功勋部队，绰号"水牛"。

面对敌军两个强悍部队的猛攻，第 45 师守备部队殊死抵抗，但终因伤亡过大，后续不济，几小时后被迫退守坑道。

上甘岭阵地，第一次全部失守。

当第 45 师作战科长宋新安在电话中向秦基伟汇报战况的时候，讲到惨烈之处，这位铁骨铮铮的军人竟然忍不住哭了起来。

听了汇报之后，秦基伟这样对师长崔建功说："告诉机关的同志，我们 15 军的人流血不流泪，谁也不许哭！养兵千日，用兵一时，伤亡再大，也要打下去。为了全局，15 军打光了也在所不惜。国内像 15 军这样的部队多的是，可上甘岭只有一个，真要是丢了上甘岭，你可不好回来见我喽！"

这话掷地有声，直接刺激着崔建功的神经，上甘岭，成为磨炼 45 师的一块试金石。

经过五昼夜血战，第 45 师逐次投入的十几个连队，已经全部打残。最多的一个连还有 30 来人，最少的连队已凑不成一个班了。可是，仗却越打越大，并日渐趋向长期化。

但是，崔建功却下定了决心，打。在师作战会议上，崔建功如此表态："打吧，老子手里还有点本钱，够鬼子们啃上一阵的。45 师打剩一个营我当营长，打剩一个连，我就当连长。"

这次会议作出一个重要决定：当天稳住不动，19 日晚，倾力打场反击战，将一直攥在手心没舍得用的最后 6 个连，悉数投入战斗，全面收复上甘岭阵地。

11

为避免白天在敌人火力覆盖下运动的伤亡，45 师除留 1 个连作战斗机动，其他 5 个连当晚便向上甘岭地区秘密集结，其中第 124 团 4 连潜伏到重点反击的 597.9 高地 2 号坑道下面的矿石洞里，8 连进入该高地主坑道隐蔽屯集。

18 日晚，45 师的王牌连队 8 连 140 余人就在连长李宝成和指导员王文用的带领下，向 597.9 高地 1 号坑道运动，上 597.9 高地必经的高地北侧一条 1 500 多米宽的山坳是美军炮火的封锁区，一条用炮火铺就的死亡之路。

无论在这之前还是在这之后，好多部队都在这片炮火封锁区付出

○ 坚守阵地的钢铁第8连的勇士，转入坑道坚持战斗

了惨重的代价，最典型的就是24日晚15军军部警卫连96人通过这片封锁区，伤亡达72人，占75%。但8连可是非同寻常的精锐之师，在通过前先将这片区域的地形、地貌、道路以及美军炮火和照明弹的发射规律摸清楚，然后派出尖刀班将威胁部队通行的7个敌军地堡一一炸掉，这才出发，全连以疏散队形，时而冲刺，时而匍匐，时而卧倒，时而跃进，沿着半山腰悄无声息地向1号坑道运动。到了高地，带路的7连通信员却因炮火将阵地轰击得完全变了形，而找不到坑道口。就在四下寻找中，连长李宝成无意间掉下了坑道，这才找到了坑道口，八班长崔含弼自告奋勇担当向导，把部队带进坑道，他在满地弹片碎石的阵地上来回爬行二十多趟，将全连带入坑道，自己军衣被

磨成一片褴褛，胸腹和腿臂全都血肉模糊，战后他被授予"钢铁战士"的光荣称号。至 19 日凌晨四时许，8 连仅以 5 人伤亡，几乎满员地进入了 1 号坑道，奠定了当晚反击胜利的基础。

19 日太阳刚落山，15 军集中 46 门 90 毫米以上口径重炮和火箭炮第 209 团的全部 24 门十六管 132 毫米火箭炮，对 597.9 和 537.7 高地实施猛烈炮火准备。这次炮击极为成功，一举摧毁美军 75% 的防御工事。

炮火射击刚一延伸，步兵随即开始反击。537.7 高地地形简单，易攻难守，反击的三个连攻势如潮，仅二十分钟就夺回了全部阵地，便按照事先规定，转入防御。这场激烈反击的重头戏是在 597.9 高地。已进入坑道的 8 连等炮火开始延伸射击，就冲出坑道，首先攻下 1 号阵地，接着向 3 号主峰阵地冲击，被东侧一个地堡火力所阻，8 连两次组织爆破均未成功，负责掩护的机枪手赖发均人枪俱伤，他拿起一颗手雷带伤冲去，在向地堡接近途中，又多处负伤，但他一直匍匐到距地堡两米处，然后趴在地上稍事休息，积攒最后的体力，一跃而起，连人带手雷扑到地堡上，一声巨响与地堡同归于尽！几乎在同时，东南山梁上的 8 号阵地，4 连一位叫欧阳代炎的副排长，双腿被炸断后，毅然滚入敌军群中，拉响手榴弹！

8 连夺下 3 号主峰阵地继续推进，在攻击 9 号阵地时被美军主地堡密集火力阻拦，这个主地堡是以一块巨石掏空建成的，由于角度制约，15 军曾集中十多门火炮轰击也未能将其摧毁，十九岁的贵州苗族战士龙世昌，闷声不响地拎了根爆破筒冲了上去，敌人炮兵实施拦阻

☼ 钢铁第 8 连指战员向敌人发起猛烈反击

射击，一发炮弹将他左腿齐膝炸断。目击者几十年后回忆道："那个地堡就在我们主坑道口上面，隔出四五十公尺吧。高地上火光熊熊，从下往上看，透空，很清楚。看着龙世昌是拖条腿拼命往上爬，把爆破筒从枪眼里杵进去。他刚要离开，爆破筒就给里面的人推出来，哧哧地冒烟。他捡起来又往里捅，捅进半截就捅不动了。龙世昌就用胸脯抵住往里压，压进去就炸了。他整个人被炸成碎片乱飞，我们什么也没找到。"

0 号阵地上，135 团 6 连仅存 16 个人，在对四个子母堡的爆破中，三个爆破组都没能接近地堡，在途中伤亡殆尽了。还剩下营参谋长张广生、6 连长万福来、6 连指导员冯玉庆、营通信员黄继光、连通信员吴三羊和肖登良。后来的事大家都知道了，不过黄继光没喊后来那句让四亿五千万人热血沸腾的口号：让祖国人民等着我们的好消息吧！他们炸掉了三个地堡，付出的代价是吴三羊牺牲，肖登良重伤，黄继光爬到最后一个地堡前的时候全身也已经七处负伤。他爬起来，用力支起上身，向战友们说了句什么，只有指导员冯玉庆省悟了："快，黄继光要堵枪眼。"牺牲后的黄继光全身伤口都没有流血，地堡前也没有血迹——血都在路途上流尽了。

当时的目击者大都在后来的反击中牺牲，只有万福来重伤活了下来，在医院听到报上说黄继光仅仅追授"二级英雄"，大为不满，上书陈情。志愿军总部遂撤销黄继光"二级英雄"，追授"特级英雄"称号——我军至今仅有杨根思和黄继光获得过这种级别的荣誉。

15军战后编撰的《抗美援朝战争战史》中说道："上甘岭战役中，危急时刻拉响手雷、手榴弹、爆破筒、炸药包与敌人同归于尽，舍身炸敌地堡、堵敌枪眼等，成为普遍现象。"也只有这样一个民族的优秀儿女，才能这样把个人生死置之度外。

15军刚刚恢复阵地不过一个多小时，天就亮了。"联合国军"出动30架次B-29轰炸机对上甘岭进行地毯式轰炸，300余门重炮同时轰击，40多辆坦克由于受地形限制无法实施集团冲击，干脆抵近高地作为固定火力点，直接支援步兵进攻。

黄昏时分，45师各部经过连续一天一夜的战斗，伤亡巨大，无力再战，遂放弃表面阵地转入坑道，除597.9高地西北山梁上的四个阵地以外，其余阵地均告失守。

至此，上甘岭战役第一阶段作战结束。

12

在第一阶段作战的七昼夜中，15 军投入 45 师 3 个步兵团共 26 个连队、炮兵 19 个连各型火炮 46 门、火箭炮 6 个连共 24 门，抗击敌军 7 个团共 17 个步兵营、18 个炮兵营共 300 余门火炮，双方阵地几度易手，15 军伤亡 3 500 余人，毙伤敌人 7 000 余人。

美国随军记者威尔逊如实报道了他目睹的凄惨场面：一个连长点名，下面答到的只有一名上士和一名列兵。

上甘岭之战的第一天就被打残的李承晚军 31 团，撤下高地稍作整补，20 日又被拉上来，替换伤亡惨重的美 17 团的防务。

该团机枪手金在成中士在战俘营里回忆说："我们火力连上去接防时，听说换的是美军一个连。可是我看见从阵地上下来的还不到 30 人，只背了 5 支枪。有一半的人没帽子，蓬头散发，满身是泥，简直不像个人样子。其中有 4 个人抬着具尸体，一发炮弹落下来，在老远的地方炸开，可他们吓得扔下担架就没命地跑。"

美联社记者伦多夫 19 日夜晚从金化发回一篇战地报道："那些出发时兵力足额的部属，今晨回来时，只剩下几个少得可怜的残余。那些最精干最勇敢的军官们看到这样惊人的损失，都哭了起来。"

仅 19 日深夜开始的 2 个半小时的大反击中，第 45 师各团上报的歼敌总数就有 2 500 多人。20 日 9 点左右，第 29 师的一个侧翼观察所看到，敌人一次就从 597.9 高地正南边的山沟里，拉走整整 30 辆卡车的尸体。

但是，上甘岭对我军来说同样是残酷的，15 军当时在一份上报给志愿军总部的综合情况报告中粗略统计了第 45 师各连队的伤亡情况：

这些投入战斗时最少的有 140 人，最多的达 210 多人的连队，到 20 日为止：

第 133 团除了 1、3、9 连是 16 人外，另外 4 个连伤亡较小，补充后仍继续战斗。该团所有连队，只有 4 连和 6 连另 2 个排未投入战斗。

第 134 团 1、2、3 连至 17 日，共剩 30 余人，1、3 连各补了 110 人。2 营 4 连剩 30 人，5 连除连长，指导员外，无兵。6 连不详。7 连无兵。8 连 11 人，后补足至 145 人，到 20 日尚有 16 人。9 连无兵。

第 135 团到 19 日，1 营剩 70 余人，补 75 人。4 连 10 人。5 连 20 人，又补 60 人。6 连 30 人，未补。7 连 11 人，未补。8 连 20 人，已补 60 人。9 连 30 人，未补。

各营机炮连配属分到各连，很难统计。

13

从 10 月 21 日至 10 月 29 日是上甘岭战役的第二阶段，15 军上甘岭守卫部队全部转入坑道作战，坑道外的部队则为决定性反击做着积极的准备。

美军发动这次攻势的本来意图是为了扭转被动局面。但是，结果却是付出如此重大伤亡。志愿军的战术反击几乎是攻无不克，攻无不歼。而美军集中了那么多兵力和火力，只是攻击两个小小的山头，连攻7天都不能解决问题。无论作战的时间、使用的部队和人员的伤亡，都大大超出了克拉克和范佛里特的原定计划。这不免使克拉克和范佛里特觉得大失"联合国军"的面子。为了挽回面子，只好硬着头皮，继续干下去。克拉克后来说："这个开始为有限目标的攻击，发展成为一场残忍的挽救面子的恶性赌博。"

10月21日以后，"联合国军"一面以各种手段围攻坚守坑道的志愿军部队，一面为继续实施进攻而调整部署。10月25日，美军将遭受严重打击的美第7师撤出战斗（美军战史说，该师死伤达2 000人）。将夺取上甘岭两个高地的任务全部交给李承晚军第2师，并调李承晚军第9师作为预备队。

对此，南朝鲜人非常恼火。《韩国战争史》中这样写道："此次战线调整的实质是，在军团'摊牌作战'同一计划下，美第7师同第2师并肩作战，进攻并占领三角高地。然而，因敌人顽强反击，截至25日的12天内，先后投入9个步兵营作战，伤亡2 000多人，战斗演变成持久战，因而将美7师的防线交给了韩第2师。结果，第2师单独担负了中部前线的要地。当时军团的这一措施立刻激起舆论，给人一种只顾减少美军伤亡的印象。"

当时任李承晚军第2师师长的丁一权战后回忆说："美第7师尽管受到重大损失，都始终未能坚守住三角高地群。美军感到束手无策，请求我师担任此项任务，我师下属第17、第31、第32、第37等4个团，就答应下了。"接替丁一权任师长的姜文奉说："那本来是预定由美第7师担任的进攻任务。可是它每天付出200多人的伤亡也夺不回来，受到报纸的抨击。因此，把此项任务交给了我师。换句话说，是叫我们当美国兵的替身。所以在接受换班命令时，我就感到美国人、南朝鲜人同样都是人，这不是叫我们替他们牺牲吗？"

尽管很不情愿，但是李承晚军还是不得不作为美军的"赌注"，跟志愿军打下去。

志愿军也决心打下去，决心全部恢复上甘岭地区的两个阵地。为此，志愿军首长决定，将原定于10月20日结束的战术反击作战延续到10月底，以配合上甘岭地区防御作战。

20日，志愿军第15军军长秦基伟、副军长周发田、参谋长张蕴钰，请示第3兵团首长：决定以第44师1个团接替第29师1个团的防务，以第29师接替第45师除597.9高地和537.7高地北山以外的全部防务，而集中第45师"全力执行反击作战，直到全部恢复原有阵地为止"。从军直属单位抽调400人补充第45师。同时建议兵团再调1个榴弹炮兵营参加反击作战。第3兵团首长（副司令员王近山、副政治委员杜义德、参谋长王蕴瑞）当天就作了批复，同意第15军的决定，除决定再调1个榴弹炮兵营配属第15军作战外，并根据志愿军首长的指示，令刚刚撤出第一线从第20兵团归建准备到谷山地区休整的第12军，以第91团调平康地区作为第44师预备队，后又决定第12军第31师全部返回前线，归第15军指挥，第34师也做好参战准备。

　　10月21日晚,志愿军代司令员邓华在电话里勉励第15军,并指出目前敌人成营成团地向我阵地冲击,这是敌人用兵上的错误,是歼灭敌人的良好时机。应抓住这一时机,大量杀伤敌人。我继续坚决地战斗下去,可置敌于死地。

　　根据上述精神,10月25日,15军召开作战会议,研究敌我情况,检讨前一段作战的战术,确定继续争夺的措施。决定10月30日首先对597.9高地实施决定性反击,击退敌人,恢复并巩固阵地。为此,决定将29师第86团除担任第一线防御的部队外,抽5个连和第85团担任防御第二梯队的营,投入597.9高地的决定性反击;第29师87团也抽5个连投入537.7高地北山的作战。第12军第91团从第44师方面调过来,作为597.9高地的预备队。同时决定加强粮食弹药的运输和囤积。因第45师力量消耗较大,第3兵团和第15军共抽调1 200名新兵补充45师。

　　为了增强火力,从10月23日至11月2日,第3兵团增调炮兵

○ 志愿军某部坚守阵地待机歼敌

第7师2个营，炮兵第2师5个加榴炮连，第60军野炮2个连。上甘岭地区志愿军山炮、野炮、榴弹炮数量增加到133门。志愿军总部又调高炮第610团和1个工兵营配属15军。

为保证所需的粮食弹药，志愿军后方勤务司令部和第15军组织力量进行了火线运输，第15军从机关中动员大批人员和军后勤部的4个汽车连，全部投入到上甘岭方向的运输上。第45师组织3 000多人、500多头牲畜、40多辆马车参与运输。第29师也抽调3个营突击抢运弹药。

14

就在15军紧锣密鼓地准备大反攻的过程中，坑道中的官兵们也在经历着前所未有的考验。

597.9高地共有3条大坑道、8条小坑道和30多个简易防炮洞。当时3条大坑道和5条小坑道都在我军的控制之下，其中8连控制的1号坑道是主坑道，位于1号阵地下方，呈"F"形，全长近80米，高1.5米，宽1.2米，左右各有一个叉洞，顶部是厚达35米的石灰岩，坑道的两个洞口都向北朝着五圣山的方向。

美军虽然占领了表面阵地，但是坑道仍然在志愿军的手中，坑道里的部队随时可以与反击的部队里应外合，对于美军而言是极大的威胁，因此，20日以后的战斗就是以坑道为争夺焦点的。

上甘岭守备部队撤入坑道之初，由于建制被打乱，弹药匮乏，又与上级失去联系，一度出现混乱状态。以1号坑道为例，部队刚退入坑道时，坑道里挤着80多人，光是来不及转运下高地的伤员就有55个，这些人员来自16个连队。坑道里秩序混乱不堪，死者、伤员、未伤人员全拥挤在一起。武器、弹药、军用装备缺乏管理，退入坑道的头一天就连续发生7起步枪走火，2起手榴弹走火。无线电通讯也非常混乱，上甘岭上大大小小几十个坑道，散布有21部步话机，步话机一共就三四个频道，几十部机子都挤上去，谁也听不清谁的，后来一个通信员建议各坑道要分清主次，顾全大局，先主坑道报告情况，后排班坑道，一个一个地报告。这样初步解决了通讯混乱的问题。

在这种情况下，21日夜，134团派2营教导员李安德带着团的指示和从军警卫连、134团7连等单位抽调的百十号人摸进1号坑道。传达了上级坚守坑道的作战意图，并按上级指示，以8连为主组成坑道党支部，形成了一个新的战斗核心。

15

坑道中的志愿军战士使美军寝食难安，为了将坑道内的志愿军驱赶出来或者直接杀死在坑道内，美军想尽了办法。他们对着坑道口用无后坐力炮抵近射击；用炸药包爆破；向坑道里投掷手榴弹；甚至使用P-51飞机低空俯冲扫射……

　　美军的猛烈进攻给志愿军守备部队造成了巨大的伤亡，也使战地救护工作骤然频繁起来。火线救护人员冒着猛烈的炮火从阵地上将伤员抢进坑道，但是代价实在太大，曾有过为抢救一个伤员而牺牲7名救护人员的情况发生！因此，45师只得下令在炮火猛烈时停止救护伤员，同时严令火线运输员在将作战物资送到时不得空手返回，必须带回一个伤员。即使从阵地上救下的伤员，也还得经过二三公里的山地送至营包扎所，经过简单处理后再送至十余公里外的军师野战医院，这一路上不仅山路崎岖难行，还有美军5处飞机固定封锁点和多个炮火封锁区，很多伤员在半路上就停止了呼吸，军师野战医院的医生几乎昼夜不停地进行抢救，他们付出的努力丝毫不逊色于战场上的战士们。

　　为了改善坑道内的情况，45师决定于23日晚组织135团5连协同坑道里的8连实施反击，力争夺取1、3号阵地。

　　23日天刚黑，火箭炮团以一个营8门火箭炮对597.9高地实施了两次齐射。随后步兵发起冲击，8连在副连长侯有昌的指挥下，冲出坑道由主峰向东北山梁进攻，5连则从东北山梁顶端的2号阵地向主峰攻击，实施两面对进合击。但是，由于5连受领任务时间紧迫，还来不及仔细观察地形就投入了反击，加上连长求胜心切，没有组织战场侦察，指挥部队直扑2号阵地，结果陷入了美军的预设伏击圈，全连伤亡过半，无力攻取2号阵地。也由于5连的失利，8连失去策应，孤军奋战，经过9次反复才夺取1号阵地，美军则因解除了5连的威胁，迅速向1号阵地发起反扑，无奈之下，8连被迫放弃刚夺取的阵地，退回坑道，此次反击，8连出击的部队仅剩5人。

由于白天抗击美军和夜间主动出击，坑道部队平均每天有一个班的伤亡，为此，45师一直抽调机关人员向坑道增援补充，一个连，一个排，甚至一个班的不断派出，师团两级机关的勤杂人员几乎都用光了。

志愿军情况艰难，美军的日子也不好过。25日，范佛里特将受重创的美军第7师撤下战场，由李承晚军第2师接替进攻597.9高地；李承晚军第2师右翼团的防务交给李承晚军第6师，集中兵力进攻上甘岭。同美军相比，李承晚军的战斗力非常差，但是在破坏志愿军的坑道上，李承晚军的方法却更加毒辣。他们用迫击炮吊射坑道口；用毒气弹、硫磺弹熏；用巨石块堵洞口；用铁丝网绕成团堵塞通气口；从坑道顶部凿眼装药爆破……只用一天的工夫就将我军的2号坑道炸塌了近30米，坑道里的4连被倒塌的土石压死2人，压伤6人。1号坑道的两个洞口也被炸塌，只剩下碗口大小的透气孔，8连伤亡了37人才将洞口重新掏开。为此，45师不得不将4门75毫米山炮前推，专门轰击破坏坑道口的敌人。

敌人的破坏还不是坑道守卫部队最大的威胁，缺粮断水才是最严重的，敌军对坑道部队与后方的交通线实行严密炮火封锁，使得坑道部队粮尽水绝。火线运输员付出几条生命的代价送进坑道一条压缩饼干，但干燥至极的口腔和食道根本无法下咽，饥渴成为最大的敌人。在极端困难的情况下，坑道部队甚至用尿来解渴。可是不久连尿也越来越少了。

15军和45师想尽办法向坑道运送物资，火线运输员一批接一批，前仆后继向坑道运输。在整个上甘岭战役期间，火线运输员的伤亡率高达 90%，甚至超过了坑道部队的伤亡率，通往上甘岭两个高地的山路上，洒满了火线运输员的鲜血。一直到 28 日夜，运输连指导员宋德兴和两个火线运输员才冲过炮火封锁，将三袋萝卜和一些慰问品送进 1 号坑道，那个夜晚简直就成为守备战士们盛大的节日。但是萝卜吃多了上火，因此坑道部队建议送苹果。但是美军封锁实在严密，大筐苹果很难送上，为此，15 军政治部专门下令：凡送入坑道一筐苹果者记二等功！但是即使这样，仍没有一筐苹果被送入坑道，最后被送进坑道的只有一个苹果。

坑道里最受煎熬的要数那些无法转下高地的伤员了，坑道里连一滴酒精和一卷绷带都没有，伤员只好任凭伤口发炎糜烂，全靠坚强的意志和自身的体质支撑着。而且为了不影响战友的情绪，伤员们都自觉忍受疼痛，一声不吭，很多伤员都用牙紧咬着床单，甚至有的伤员在牺牲后都还咬着床单！坑道里的卫生员竭尽全力进行救护，有的一整天用棉花团蘸起坑道角落里的泥水，收集起来再用纱布过滤，最后烧开让伤员能喝上一口；有的夜里跟随出击的小分队出坑道，捡拾照明弹上的降落伞、尸体棉衣里的棉花和断了的枪管，回来做成绷带和夹板，替伤员更换包扎、固定断肢，因此战后报功最多的就是坑道卫生员了，其中最有名的就是被评为特等功的 133 团 2 连卫生员陈振安，他在炮火连天的战场上一人救下 144 名伤员，并在坑道精心护理长达 10 昼夜。

在整个战役期间，在坑道里坚持时间最长的部队是由丁鸿钧任班长的 134 团 5 连 4 班，他们是参加 10 月 14 日夜间反击来到 597.9 高地的，丁鸿钧指挥有方，在两天里打退了美军的多次进攻，毙伤敌人 150 余人，自己无一伤亡。因弹药耗尽才于 15 日下午退守 2 号坑道的一条只有 15 米深的小坑道。他们依靠夜间从阵地收集到的弹药、两箱饼干和坑道里储存的两桶水，坚持战斗，一直到 27 日晚，这支小分队才撤入 2 号坑道，在 2 号坑道坚持战斗，前后共达 20 个日夜，成为坑道坚持之最。

在上甘岭的两个高地中，537.7 高地地形比较简单，反击成功率较高，每一次反击就轮换一批部队进行坑道守备，还可以增加一些弹药、药品、食品和饮水，因此 537.7 高地的环境还相对较好。而 597.9 高地由于反击成功不多，坑道部队几乎得不到物资和人员的补充，处境极为艰难。但战士们以无畏的精神和顽强的毅力克服了缺粮、缺水、缺氧等种种困难，一直坚持到了大反击的到来。

16

10 月 30 日，志愿军的大反击终于到来了！

中午 12 时，15 军以 133 门大口径火炮和 30 门 120 毫米重迫击炮向 597.9 高地实施猛烈的火力准备，炮击持续四个多小时，日落时分才沉寂下来，李承晚军唯恐志愿军趁机发动攻势，立即爬出隐蔽部抢修被毁的工事。不料一个半小时之后，15 军的炮兵又突然开火，对高地进行 5 分钟的炮火急袭，接着开始炮火延伸，李承晚军以为志愿军进攻迫在眉睫，急忙进入阵地准备迎战，谁知志愿军的炮弹猛地又落回到高地上，被打个正着，经过几次真假延伸射击，敌军守卫高地的部队已经伤亡过半了。22 时，火箭炮团 24 门火箭炮进入阵地对敌纵深炮兵阵地和二梯队集结地区实施集火射击，几乎完全压制了敌纵深炮

◇ 志愿军战士居高临下近战歼敌

火。——这是志愿军历史上第一次大规模的炮战，取得了预期的效果。

22 时 25 分，45 师和 29 师出动 11 个连，其中包括坑道部队的 3 个连对敌人发起了决定性反击。战斗异常激烈，一个排往往一次冲锋就所剩无几了，但部队仍然前仆后继，一路猛攻。134 团 6 连攻下 9 号阵地只剩下 4 人，随即被李承晚军夺回，后面的 7 连接着再攻，没有半点犹豫。由于巨大的伤亡，战斗中干部倒下了，战士随缺随提，先任命战后再补批。正如 3 兵团代司令员王近山在战前作战会议中所强调的，要有巨大伤亡的准备，每个战士不仅要准备当班长、排长，

还要准备当连长、营长。果然战斗中就有参军三个月的新战士十几天后就当上了连长，因为干部和老战士们都伤亡殆尽了。

经过四个多小时的激战，10月31日凌晨2时许，134团7连终于击退了李承晚军的反扑，守住了主峰3号阵地。至此，反击才告一段落。尽管没有恢复所有阵地，但主峰和1号、7号、8号、9号等主要的阵地都已经夺回。李承晚军担任守备的4个连全部被歼。

10月31日，李承晚军第2师31团和埃塞俄比亚营联合发起攻击，反击部队顽强抵抗，又是整整7个小时的恶战，李承晚军2师第31团几乎损失殆尽，完全丧失战斗力，埃塞俄比亚营也伤亡过半，597.9高地依然牢牢掌握在我军手中。督战的美第9军军长詹姆斯少将见到部队的伤亡如此惨重只好下令停止进攻。至此，反击部队经过九个半小时的惨烈激战，终于巩固了597.9高地主峰，在这九个半小时的战斗中，15军创造了上甘岭战役中弹药日消耗量的最高纪录：子弹30余万发，手榴弹和手雷3万余枚，爆破筒260根，炮弹2.1万发。

11月1日，"联合国军"以100架次飞机，连续轰炸志愿军炮兵阵地，以300余门大炮向志愿军阵地进行猛烈的轰击，当日敌军发射炮弹12万发。9时半，李承晚军第9师第30团、第2师1个营和埃塞俄比亚营共5个营的兵力，在炸弹、炮火烟幕的掩护下发起攻击。志愿军炮兵部队不怕敌机威胁，准确及时地支援步兵作战。李承晚军虽曾一度突入志愿军阵地，但在志愿军的反冲锋下，很快又败下阵去。

入夜，15军调整部署，将苦战了19天的第45师第135团、第134团撤出战斗整补；以第12军第91团投入战斗，坚守597.9高地主峰及其以南（9、10号）、以北（4、5、6号）阵地；以第86团2个连坚守东北山脚（2、8号）阵地和东南山脚（7号）阵地。11月2日，志愿军炮兵第2师主动提出加强上甘岭地区炮兵力量，支援步兵作战。经志愿军首长批准，于11月4日调6个榴弹炮连参战。

11月2日晨，敌军以持续4个小时的猛烈的炮火，企图压制志愿军纵深炮火和摧毁597.9高地防御工事，打炮15万发以上，并出动飞机100余架次轰炸、扫射阵地前沿。接着，李承晚军第9师第30团、美第7师2个营和空降第187团一部共5个营的兵力，对597.9高地攻击40余次。12军91团和86团1个连，采取灵活的战斗动作，并与炮兵密切协同，顽强抗击，将一度突入阵地的敌人击退。以伤亡190余人的较小代价，歼敌1500余人。

在战斗中，坚守在最前沿东侧9号阵地的志愿军第91团1个班，打得既英勇顽强又灵活机智，他们巧妙地利用弹坑、岩石和残存的工事，分两个小组，轮流作战。在纵深炮火的合力支援下，激战一天，打退了敌军1个排至2个多连的7次攻击，歼敌400余人，自己仅有3人受轻伤，创造了小兵群作战的范例。

11月3日至5日，"联合国军"再次反扑，但同样以失败告终，597.9高地岿然不动。

在11月5日的战斗中，12军第91团5连新战士胡修道，在战友都伤亡的情况下，一人顽强作战。从上午打到黄昏，打退了敌41次冲锋，歼敌280余人，在后续力量的增援下，守住了阵地。战役结束后，胡修道荣立特等功，获"一级战斗英雄"称号。

　　11月5日夜，12军93团1营接替15军86团的防务，与91团一道，抢修工事，准备迎击敌军新的进攻。但是，此时的敌军已经无力再战了。

　　从11月5日以后，敌军停止了对597.9高地的进攻。《韩国战争史》这样写道："停止进攻'三角'高地，是军团长决定的。自从'摊牌'作战开始以来，美第7师打了12天，韩第2师打了11天，只是增加伤亡，加上'狙击'棱线连日不断的血战，继续进攻也无所作为。因此，决定从即日起结束'三角'高地战斗。"

　　11月6日，美军无可奈何地宣布："到现在为止，联军在'三角形山'是打败了。"美军战史说：至此，6个星期的艰苦奋战过去了，联合国军司令部所属部队控制了狙击岭的一部分，但失去了整个"三角山"。在"三角山"5天的战斗中，联合国军由最初的2个营的兵力发展到2个师以上的兵力，死伤人数由200人增加到9000人。……"三角山"之战，中国军队以他们不屈不挠的斗争……迫使联合国军停止进攻。

17

　　随着597.9高地争夺战的结束，敌我双方将争夺的焦点转到537.7高地北山。

　　10月30日晚，15军在反击597.9高地的同时，即以87团的5个连协同坚守坑道的133团，对537.7高地北山进行了反击。由于此时重点保证597.9高地的作战，而537.7高地北山的战斗是处于辅助地位，缺乏大口径火炮的支援。87团在该阵地坚持10天，直到12军92团全部接替，不断组织小反击，歼敌800余名。有力地配合了597.9高地的反击作战，同时为92团对该高地进行决定性反击创造了条件。

11月11日9时，15军作出了对537.7高地北山进行决定性反击的计划，决定以第12军第92团全部，于11日19时半起，在榴弹炮10个连（50门炮）、火箭炮1个团（24门炮）和迫击炮20门支援下，实施反击。同时，以15军第87团和12军第91团各1个排，向注字洞南山方向和在597.9高地以南积极活动，以为配合。

11日16时，92团2个连又1个排在炮兵的支援下，分两路反击537.7高地北山。至17时，全部恢复537.7高地北山表面阵地，歼灭据守阵地的李承晚军第2师1个营大部。当晚，坚守597.9高地的第93团以1个排向东北山脚第11号阵地发起攻击，经5分钟战斗全歼守敌，恢复阵地。至此，597.9高地表面阵地全部恢复并得到巩固。

11月12日，李承晚军投入第17团和第32团残部反扑，占去537.7高地的7、8、5、6号阵地。尔后双方继续争夺。14日我12军以第93团2个营接替92团，投入该高地战斗。至17日晚，7天中，92、93两个团共击退李承晚军百余次反扑，歼敌2 000余人。但李承晚军仍占据着7、8号阵地。

11月18日，12军以106团接替93团，投入537.7高地北山战斗。此时，李承晚军重点放在争夺主峰东北山脚（4、5、6号阵地）。106团连续打退李承晚军的进攻，至20日，李承晚军已无力进行营以上兵力的攻击，改以1个排至1个连的兵力进行连续的小型进攻。但其空军和炮兵的火力丝毫未减。志愿军决定减少兵力，发扬迫击炮和步兵火力予敌杀伤，并尽全力构筑地面和坑道工事。至 11 月 25 日，106 团共歼敌 1 400 余人，牢牢控制着 537.7 高地北山主峰及东北山脚北侧阵地。

11 月 25 日，李承晚军第 2 师南撤整补，其防务交李承晚军第 9 师接替，从此，停止了向 537.7 高地北山的反扑。

同日，志愿军第 3 兵团首长决定，15 军 29 师和 45 师于 28 日至 12 月上旬，全部接替上甘岭地区的第 12 军防务，第 12 军部队交防后情况无大变化即行归建休整。

至此，上甘岭战役宣告结束，志愿军转入正常防御状态。

18

上甘岭战役从 10 月 14 日至 11 月 25 日，历时 43 天，敌我双方在面积仅为 3.7 平方公里的两个高地进行了激烈的争夺，投入的兵力、兵器逐步增加，由战斗发展为战役。志愿军参战部队依托坑道与敌反复争夺 29 次，击退敌人营以上规模冲锋 25 次，营以下冲锋 653 次。最终只失去了 537.7 高地前沿的两个班阵地。

战役中志愿军共投入 15 军 5 个团，12 军 4 个团，合计 9 个步兵团：15 军 45 师的 133 团、134 团、135 团，29 师的 86 团、87 团；12 军 31 师的 91 团、92 团、93 团，34 师的 106 团；加上战役中逐渐补充的 2 000 余新兵，共 4.3 万余人。投入炮兵部队有：炮兵第 2 师、

上甘岭阵地一角

　　第7师，火箭炮第209团，第60军炮兵团，共11个炮兵营，计火箭炮24门、75毫米口径以上口径火炮110门（不含迫击炮）。高炮部队有：高炮第601团、610团各一部，高炮独立第20营、独立第35营，计高炮47门。

　　供应各种物资1.6万余吨，实际消耗1.1万吨。其中弹药5 514吨，平均日消耗128吨，战役中共发射炮弹40余万发。这一物资消耗量为我军战史上所罕见。为保障后勤供应，共投入运输车辆2 163台次，火线运输人员8 500余人，动员民工6万余人。

　　15军阵亡5 200余，伤6 200余；12军阵亡1 900余，伤2 300余。合计阵亡7 100余，伤8 500余，共伤亡1.56万余。击毁敌大炮61门，坦克14辆，歼敌2.5万余，其中美军5 200余。敌我双方伤亡比为1.6:1。

　　此次战役中，美第8集团军投入了11个步兵团、18个炮兵营、2个坦克营、1个航空大队，以及战中补入的第105编练师和4个新兵联队，参战兵力达6万余人。前线配置各类轻、重型火炮和坦克炮

1 685 门，平均每公里进攻正面达 461 门；加上飞机 100 余架，配置密度超过了美军炮兵战术原则规定的 4 倍。战役中美军共发射了 190 多万发炮弹；出动 3 000 多个飞行架次，投掷了 5 000 余枚航空炸弹；其火力密度不亚于第二次世界大战中最大的胡德根森林炮战。

19

整个上甘岭战役中，天上没有出现过一架我们的飞机；是役，我们的坦克也没有参战的记录；我们的火炮最多的时候，也不过是敌方的四分之一，美军总共发射了 190 多万发炮弹，5 000 多枚航弹，我们只有 40 多万发炮弹，而且几乎全是后期才用上的。数百万发炮弹蹂躏着这两个区区 3.8 平方公里的小山头，这两个在范佛里特的作战计划里第一天就该拿下来的小山头，用自己的粉身碎骨验证了人类的勇敢精神。

此役之后，美军再没有向我发动过营以上规模的进攻，朝鲜战局从此稳定在了三八线上。这一战奠定了朝鲜的南疆北界。

原本是二等部队的 15 军 45 师，这一战基本上打光，但是它从此昂首跨入了中国人民解放军一等主力的行列，因为它的战绩是——上甘岭。15 军入朝作战整 3 年，共歼敌 7 万余人，占志愿军歼敌总数的 1/10。而 43 天的上甘岭战役中，该军便歼敌 2.5 万余人（包括第 12 军参战部队歼敌数）；其中美军 5 260 多人；创造了志愿军野战军一役歼灭美军的最高纪录。

西方的新闻媒介连篇累牍地评价这场战役，称其为"朝鲜战争的凡尔登"，"不是美军兵力可以填满的无底洞"。

克拉克亦哀叹："死人太多。在铁三角的猛烈战争，事实上变成了美国历史上最不得人心的战争。"

南朝鲜军方也认为此役时间之长，战斗之残酷，伤亡之惨重，"为韩国战争上史无前例的"。《韩国战争史》亦承认："当面之敌中共第十五军防御意志坚定，因而，'三角'高地战斗始终没有进展，反而足以使敌人为打成漂亮仗而自豪。"

1961年3月，中央军委从全军中抽出三支主力第1军、第15军、第38军，交由空军司令员刘亚楼挑选一支，改建为中国第一支空降兵军。

这位上将选择了15军，理由是："15军是个能打仗的部队，他们在上甘岭打出了国威，不仅在中国，而且在全世界都知道有个15军。"

历史已经记不全那一万多在战火中浴血的战士的姓名了，他们的身躯已经和朝鲜半岛的五圣山糅合在了一起。

上甘岭战役，是中国人民志愿军在抗美援朝战争中进行的一次举世闻名的山地坚守防御战役。这次战役由以美国为首的"联合国军"发起，进攻目标为志愿军五圣山主阵地的两个前沿连支撑点。这两个连支撑点位于上甘岭南侧，面积约3.7平方公里。在如此狭小的地幅上，交战双方共投入兵力10万余人，激烈争夺了43天，作战规模由战斗逐渐发展成为战役，双方伤亡高达3.7万余人。这样激烈而残酷的作战，不仅在抗美援朝战争史上是绝无仅有的，在世界战争史上也极为罕见。这次战役创造了世界战争史上的奇迹，意义重大，影响深远。

上甘岭战役志愿军打出了军威国威。拥有世界一流武器装备的美国军队，在武装入侵朝鲜以来，虽然遭到了中朝人民军队的沉重打击，但是仍然骄横跋扈，不可一世，不把中国军队放在眼里。在上甘岭战役中，中国人民志愿军以特别能吃苦、特别能战斗、特别不怕死的大无畏革命精神英勇奋战，使武装到牙齿骄横跋扈的"联合国军"在43天的疯狂进攻中始终不能越雷池一步，给了美军及仆从国军队极大的心理震撼。此后直到朝鲜战争结束，"联合国军"再也没有发动过大规模地面进攻。上甘岭战役，志愿军长了中国人民的志气，灭了美帝国主义的威风。上甘岭战役的胜利，作为一段精彩的历史记忆，已经成为我军战争史上一曲壮美的华章。

上甘岭战役志愿军创造了坚固阵地防御作战的成功经验，对新中国反侵略战争准备具有重要借鉴意义。革命战争年代，我军主要的作战形式是运动战和游击战，阵地战始终处于辅助地位，因此，我军精通的是运动战和游击战，对于阵地战，特别是阵地防御我军还有许多欠缺。新中国成立后，我军的使命任务开始由夺取政权向保卫国家领土、主权和人民和平劳动转变，这个转变要求我军必须提高阵地战能力和水平。上甘岭战役依托以坑道为骨干的坚固工事挫败敌人进攻的成功经验为我军适应这个新要求提供了很好的借鉴，毛泽东主席对此非常重视。早在1952年11月8日，上甘岭战役还在进行的时候，毛泽东主席就曾批示，将志愿军第3兵团对上甘岭地区作战部署的电文发给各大军区、军事学院、总高级步校及军委各总部、军兵种，作为各负责同志研究现代战争的参考。甚至在 20 多年以后，我军的高级将领仍然十分重视上甘岭战役经验对打赢反侵略战争的重要作用。1978年，叶剑英元帅在一次重要讲话中说："上甘岭战役，在那么个不大的山头上，敌人投射了数千枚炸弹和上百万发炮弹，我们的战士就靠勇敢，靠技术，同时也靠洞子，有效地保存了自己，大量地消灭了敌人"，并进一步指出现代条件下阵地防御作战，要有效地保存自己，消灭敌人，首要的条件仍然是有坚固的阵地。同年，徐向前元帅在讲到反侵略战争问题时也指出：战略要点要坚决地守，"一个师守备一个点，后边有几个师作预备队，甚至一个兵团的力量陆续上，像上甘岭那样，重点设防与机动部队相配合，粉碎敌人的进攻"。现在，阵地防御作战虽然发生了巨大变化，但是依托坚固阵地有效保护自己仍然是争取作战胜利不可或缺的重要条件。

上甘岭战役志愿军表现出的勇敢顽强有我无敌的英雄气概已经成为我军敢打必胜的精神力量。在上甘岭战役中，面对"联合国军"破坏坑道工事、围攻坑道部队所采取的轰炸、熏烧、投燃烧弹毒气弹等极端手段，志愿军指战员不畏强敌，不怕牺牲，以非凡的毅力顽强战斗，克服了由此造成的缺粮、缺弹、缺水、缺氧等严重困难，守住了坑道阵地，并给了敌人以沉重的打击，涌现出了一大批功臣、模范和战斗英雄，其中 3 人被授予"朝鲜民主主义人民共和国英雄"称号，占整个抗美援朝战争中被授予这种荣誉称号总人数的 1/4。秦基伟将军曾对上甘岭战役中志愿军的战斗情况有过一个朴素的描述，他在回忆录中写道："在上甘岭战役的日子里，有时敌人占了山顶的表面阵地，我们退守坑道；有时我们部队冲出坑道，把表面阵地上的敌人肃清。阵地上的情况往往一天之内多次变化，但是无论怎样变化，有一点是不变的，那就是我们的人始终没有离开上甘岭"。朴实的语言，真实地再现了志愿军顽强的战斗作风和无所畏惧的精神。

虽然时间已经过了半个多世纪，但中国人民志愿军在上甘岭战役中表现出的英勇气概和战斗精神却历久弥新，越发光彩夺目，已经升华为中华民族宝贵的精神财富，融入每一名新时代军人的血液里，成为我军勇敢战斗的不竭动力。

四

交战时间	1952 年 12 月—1953 年 4 月
交战地点	清川江至汉川江间
交战双方	我方：中国人民志愿军后方勤务司令部、炮兵指挥所、装甲兵第 1 指挥所、空军司令部、安东防空区司令部前指、铁道运输司令部前指、工兵指挥所、西海岸指挥部、东海岸指挥部、第 19 兵团、第 9 兵团、第 20 兵团、第 47 军、铁道兵第 7 师
指挥将领	邓华、杨得志；马克斯韦尔·泰勒

粉碎敌人最后
的冒险

——1953 年春反登陆作战准备

| 交战结果 | 彻底解决了志愿军和人民军的后顾之忧，使美国当局大规模军事冒险计划胎死腹中，同时也为我夏季反击作战创造了条件 |

我们是要和平的，但是，只要美帝国主义一天不放弃它那种横蛮无理的要求和扩大侵略的阴谋，中国人民的决心就是只有同朝鲜人民一起，一直战斗下去。这不是因为我们好战，我们愿意立即停战，剩下的问题待将来去解决。但美帝国主义不愿意这样做，那么好罢，就打下去，美帝国主义愿意打多少年，我们也就准备跟他打多少年，一直打到美帝国主义愿意罢手的时候为止，一直打到中朝人民完全胜利的时候为止。

——毛泽东

1

　　1952 年冬，刚刚经历了上甘岭战役的朝鲜战局继续处于对峙状态，而停战谈判自 10 月 8 日美方代表单方面宣布无限期休会以来，处于中断状态。战争是停下来还是继续扩大，正处于转折关头。在这一形势下，敌我双方为了争取和保持战场主动权，均在进行新的筹划和准备。

　　战争的旷日持久，愈来愈对美帝国主义不利。到 1952 年 10 月，在两年零四个月的侵朝战争中，美国已损失兵员 31 万多人，直接用于战争的军费开支达 150 亿美元，间接用于战争的费用达 800 亿美元，成为美国历史上仅次于南北战争和两次世界大战代价第四高的战争。严重的战争负担和巨大的伤亡，引起了美国人民的强烈不满，不但前线士兵渴望早日结束战争，国内反战情绪也日益高涨。特别是美国的 7 个陆军主力师长期陷于朝鲜战争的泥沼中，破坏了它的全球战略格局，更使它忧心忡忡。英、法等盟国也早就想从这场战争中脱身，呼吁结束朝鲜战争。战争已使美国陷于内外交困的境地。在这种情况下，美国统治集团不得不极力谋求尽快结束朝鲜战争的新途径。

此时，在敌人营垒内部广泛议论着三种可能的选择：（一）在战俘问题上寻求妥协，促成和平谈判；（二）扩编南朝鲜军队，提高其单独作战的能力，使美国逐渐从朝鲜战争中脱身；（三）增调部队，不惜冒扩大战争的风险，以大规模的军事进攻，甚至使用原子武器来赢得战争。

2

第一种选择中所说的战俘问题本来是不难解决的，战争双方停战后，互相交换战俘本来是天经地义的事，但是美国硬生生让它变成了一个问题。起初，我们的谈判负责人李克农同志还很乐观："关于战俘问题，我们主张收容多少交换多少，俘虏才是真正不幸的人，交换俘虏，既有国际公认的准则，又是一个人道主义问题，估计不难达成协议。"

美军却偏偏在这件事上做起了文章。谈判刚开始，美军就没有表现出应有的诚意。先是范佛里特总部军法处长汉弗莱上校发表声明，指责志愿军811师23团杀害俘虏。可笑的是，志愿军根本没有这个番号的部队，连美国国防部也公开说汉弗莱的发言没有事实根据，李奇微虽然放言支持汉弗莱的声明，却不敢让汉弗莱同记者见面。然而杜鲁门居然在汉弗莱发表声明的第二天就跳出来大骂："志愿军杀害在朝鲜的美军俘虏，是一百多年来最野蛮的行为。"

实际上，在战俘问题上，我军优待战俘的举动和敌人肆意虐俘的行径这一差别，连敌人也是一清二楚的，就连李奇微都不得不承认，如果从"战俘问题"来看待朝鲜战争，这场战争则真是一场文明与野蛮之间的战争。而杜鲁门和他所代表的美国统治集团之所以这样做，只能说他们的政策已经被冷战思维左右了，战俘问题在他们眼里变成了冷战的工具。

造成谈判被动还有一个原因，那就是中朝方面手中的战俘比"联合国军"方面手中的战俘少得多。麦克阿瑟通过仁川登陆逆转了朝鲜战局后，朝鲜人民军被俘数激增，到 1950 年 11 月，已被俘 13 万人。志愿军在入朝第一年内，就俘虏了 3.6 万名敌军，其中美军有 6 000 多人。但由于缺乏国际战争的经验，我们还按照国内战争的老传统，将俘虏进行教育后大多释放了，其中许多南朝鲜俘虏还加入了人民军。所以到此为止，中朝方面手中仅有 11 551 名战俘（其中南朝鲜军 7 142 人，美军 3 193 人，其他国家军队 1 216 人）。而由于第五次战役后期的失利，志愿军被俘人数也不少，据美军宣布，至 1951 年 10 月共俘虏中国籍战俘 2.08 万人（绝大部分是第五次战役被俘），这样，加上人民军被俘人员，中朝方被俘人员达到了 15 万多，与对方战俘数比例达到了 14∶1。

在谈判桌上，美方提出了臭名昭著的"自愿遣返"原则，其实质是采取虐待、恐吓等手段强迫扣留中朝战俘。美国人也自知"自愿遣返"违背了人类战争法则，是一种可耻的流氓无赖行为。他们的真实政治目的，就是通过这种卑鄙手段给中朝脸上抹黑，他们想以此欺骗世界，中朝政府不得人心，连他们被俘的士兵也不愿意回到本国，而愿意投奔西方"自由"世界。

这一提议引起了中朝代表极大的愤怒。朝方代表李朝相少将拍案而起："你们应该知道战俘的释放与遣送不是人口买卖，20世纪的今天更不是野蛮的奴隶时代"，"全世界人民将诅咒你方的这一提案，你方自己的被俘人员和他们的亲属将诅咒你方的提案，因为你方的这一提案将阻塞释放与遣返全体战俘的可能，将阻塞迅速达成停战的前途。"

但是，具有悠久殖民和贩卖奴隶传统的美国人没有在这个问题上感到一点点羞愧，经过漫长的50多次小组会后，和谈彻底陷入僵局。

就在这时，中朝战俘在战俘营中进行了勇敢积极的斗争，终于爆发了震惊世界的"杜德事件"。

在此之前，被关押在巨济岛的志愿军战俘已经连续举行绝食和游行示威，美军其他军官几次前来谈判都没有任何效果，战俘们说，要想谈判成功，必须战俘营司令杜德准将来。5月7日上午，在志愿军战俘有效麻痹了杜德后，关押人民军战俘的76联队又要求杜德谈判。

毫无防备的杜德欣然前往。在战俘营大门外，他继续以一种傲慢神态告诉人民军战俘代表："要知道，战俘就要有战俘生活的样子。"话音未落，10多个人民军战俘突然打开大门，抓住杜德，把他拖进战俘营的帐篷，并迅速关上大门。旁边的随从雷汶中校死死地抱住了一根柱子，才在卫兵赶来前避免了被战俘"俘虏"的命运。

　　第二天，76 号战俘营里召开大会，战俘们以大量事实控诉美方迫害、虐待、屠杀中朝人员的罪行，大会主席不断问杜德，战俘所说的情况是否属实，面对战俘们饱受摧残的身体，如坐针毡的杜德只得承认每一项罪行。第三天，中朝战俘代表起草了《中朝战俘代表大会向全世界人民的控诉书》，向世界揭露了战俘营的真相，并向杜德提出四项条件：

　　1. 立即停止暴行，停止侮辱、拷讯、强迫写血书的做法，停止威胁、监禁、虐杀，以及使用毒气、细菌武器的实验。按国际法保障战俘的人权和生命。

　　2. 立即停止对朝鲜人民军和中国人民志愿军进行非法的所谓自愿遣返。

　　3. 立即停止对数千名在武力下处于被奴役地位的朝鲜人民军和中国人民志愿军战俘进行强迫性的甄别。

　　4. 承认朝鲜人民军和中国人民志愿军组成的战俘代表团，并予以密切合作。在我们收到贵司令部解决上述各项问题的满意答复后，战俘代表团将把美国将军杜德准将交给你们。望给予热情、诚恳的答复。

　　新任战俘营司令柯尔生在和杜德取得沟通后，不得不很快回复了战俘提出的各项条件：

　　1. 关于你方信中第一项，我承认发生过流血事件，联合国军使许多战俘伤亡。今后按国际法原则给战俘以人道待遇。今后我将尽最大努力防止发生暴力事件和流血事件。今后，如果再发生类似事件我将负全部责任。

2. 关于第二项，北朝鲜人民军及中国人民志愿军遣返问题正在板门店讨论，我无权左右和平谈判的决定。

3. 关于第三项，强迫甄别问题，只要杜德准将安全获释，就保证不再强迫审查。

4. 关于第四项，同意根据杜德将军和我的批准，组织北朝鲜人民军和中国人民志愿军战俘代表团。

鉴于目的已经达到，11 日，杜德将军被放出了战俘营，中朝战俘一起列队欢送他。临行时一个战俘代表问他："你在我们这里生活了几天，有什么意见？"

杜德回答："我在你们这里受到了最高的人道主义待遇，在非常困难的战俘营环境下，我的生活并未受到任何影响。在我们的谈判中，你们保证了我在言论和行动上的自由。今后，我一定尽自己的力量遵守协议，并为实现这个协议而努力。我感谢 76 号战俘营的全体朝鲜人民军战俘，祝你们身体健康。"

走出大门后，这位管理战俘的美国将军结束了为期 78 小时 30 分钟的俘虏生涯，同时也结束了他的军旅生涯，他获释前就被解职了。

战俘的诉求和柯尔生的答复通过新闻报纸宣传了出去，世界终于知道了战俘营的真相。

美国人虐杀战俘的令人发指的行径使全世界愤怒了，甚至连"联合国军"内部都提出抗议，红十字国际委员会的调查报告进一步证实了问题的严重性，国际舆论一片哗然。

板门店的谈判桌上，朝方代表南日大将义正辞严地对美方提出指

责，美方代表哈里逊只能厚着脸皮不停地说："我建议休会……"美方
在战俘问题上陷入被动。

3

关于第二种选择，纯属就是选择题中的"干扰选项"，谁都知道南
朝鲜军队在当时是扶不起来的，要不然也不用"联合国军"拖在这里
两年多了。直到 60 年后的今天，韩国虽然拍出了《太阳的后裔》这样
的反映韩国军人优秀素质的电视剧，但实际上政府依然不敢让驻韩美
军撤出，对自己军队的信心很是不足。

这第三种选择，随着美国总统竞选活动的展开和斗争的日益加剧，
其声浪愈来愈高。曾在第二次世界大战中出任西欧盟军司令、指挥过
诺曼底登陆战役的艾森豪威尔，在美国介入朝鲜之初就放出大话："我
国既已诉诸武力，就必须保证成功。"可他在成为共和党总统候选人之
后，头脑还是清醒了一些，认识到朝鲜战争不能再打下去了。他利用
美国人民要求早日结束战争的迫切愿望，公开许诺他当选后"将亲自
去朝鲜，结束这场战争"，并借此击败了民主党候选人艾德莱·史蒂文
森，当选为美国第三十四届总统。

但是，毕竟候选人在竞选美国总统时的承诺是不能全部当真的，艾森
豪威尔也不可能心甘情愿地作为美国历史上第一个不能胜利结束战争的总
统而载入史册。另外，共和党右翼势力的面子不能不照顾，毕竟他是被这

些人推上台的，他的支持者们，杜勒斯、麦克阿瑟、罗伯特·塔夫脱、约瑟夫·麦卡锡等，大肆鼓噪"共和党取得政权以后，（要）全力打赢这场战争"。艾森豪威尔即使贵为总统，也不能完全忽视他们的意见。

当选后不久，艾森豪威尔即于1952年12月2日至5日，偕准备在新内阁担任国防部长的查尔斯·威尔逊和参谋长联席会议主席布莱德雷、太平洋舰队司令阿瑟·雷德福等人到朝鲜前线视察，与侵朝美军高级将领克拉克、范佛里特以及李承晚等人举行了一系列会议。据他在战后回忆，会议中"战地指挥官们同意，如果在一定时间内谈判还不成功，我们（指美国）唯一的办法最后只能是不顾一切危险，全力发动一场进攻"。他的结论是"我们不能永远停留在一条固定不变的战线上，继续承受看不到任何结果的伤亡。小山丘上的小规模进攻是不可能结束这场战争的"，"不能容忍朝鲜冲突无限期地继续下去"。艾森豪威尔从朝鲜回到纽约后，发表了一个咄咄逼人的声明，宣称：要以"行动"而不是"言语"来打破僵局。

此时，敌人内部扩大战争的议论更加嚣张。新任国务卿杜勒斯甚至主张"用三齿耙捕龙的战略（即一根齿从朝鲜出来，另一根从台湾出来，第三根从印度支那出来）"来对付中国。美国军界人士则提出了各种扩大战争的实施方案。他们认为：面对志愿军壁垒森严的正面阵地，"通过常规途径进攻"，代价是惊人的。要进行大规模的军事进攻，最有效的方法莫过于利用海空优势，在朝鲜的东西海岸实施两栖登陆，配合正面进攻。"联合国军"司令克拉克在以前的老上级，现在的新总统面前表现特别卖力，很快就炮制出一个"8-52作战计划"呈交美参谋长联席会议审议。这个计划的要点是，通过陆、海、空三军大规模的全面攻势，推进至元山—平壤一线。其中包括地面部队合围性攻击，大规模两栖登陆和从空中、海上对中国境内的目标实施袭击。

计划呈交参谋长联席会议后，"联合国军"依此进行了实际准备。如频繁地进行登陆作战和空降作战演习，据统计，美军 10 月份进行4 次登陆演习，11 月份进行 3 次登陆演习，12 月份则进行了 15 次登陆演习。其中一次在 10 月 15 日进行的演习，克拉克集中 6 艘航空母舰、4 艘巡洋舰、30 多艘驱逐舰及美骑兵第 1 师一部，在朝鲜东海岸库底以东海面举行一次代号为"吉他"的大规模联合两栖登陆演习。空军和海军对滩头目标进行了轰炸，载运空降部队的 30 余架飞机从正面战线通过，直到登陆部队抢滩前的最后一刻，参演的士兵才知道是演习。1952 年 12 月至 1953 年 1 月，美国空军也频繁进行两栖作战演习。美国海军第 90 特混舰队，美海军陆战第 1 师，美陆军骑兵第 1师、步兵第 24 师都进行过两栖作战训练。

1952 年 11 月底以来，"联合国军"还以空投、海上登陆、陆地派遣等手段，大量派出特务，到中朝军队后方和朝鲜东西海岸刺探情报，搜集地理、水文资料等，为登陆作战做准备。据 12 月底统计，共派遣特务 57 次 410 余人。由海岸登陆的特务多为零散便衣谍报人员，潜伏地下活动；空降特务多以小组、小队形式进行，进行侦察、破坏活动。

与此同时，还新组建了南朝鲜军两个步兵师（即第 12 师、第 15师，于 1952 年底投入作战）、6 个独立团、28 个炮兵营。这样，敌人在第二线可保持美军 3 个师、南朝鲜军 2 个师另 3 个团的机动兵力。在朝鲜战场，美军保有 3 个师作为机动后备部队，这是自朝鲜战争爆发以来的第一次。12 月上旬，又有消息透露，敌将于 1953 年 2 月发动大规模攻势，以结束朝鲜战争。

4

对于敌人的战争叫嚣和进行大规模军事冒险的可能性，特别是在我侧后实施两栖登陆的可能性，党中央和毛泽东主席极为重视，进行了周密的分析和充分的估计，认为："朝鲜战局，由于停战谈判已告停顿，而美军在朝鲜的损失还没有达到它非罢手不可的程度，估计今后一定时期内（假定为 1 年），会趋向于激烈化。艾森豪威尔正为其上台后的朝鲜军事行动作准备。单就朝鲜战场的军事行动做估计，敌人从正面向我较坚固的纵深工事施行攻击的可能性，不如向我后方两侧进行登陆作战的可能性大。""我如能坚守北朝鲜东西海岸，使敌人的登陆计划失败，并以正面战线的战术出击作配合，给敌人以更多更大的杀伤，那么朝鲜战局就能更加稳定，而向着更加有利于我们的方向发展。""为预防敌人登陆和提早发动进攻，我军必须继续积极进行各项准备工作"，"准备尽一切力量来赢得战争的胜利。"

基于对朝鲜战局的分析，中央军委在上甘岭战役结束之后，即指示志愿军要加强海防。准备对付敌登陆进攻。1952 年 11 月 23 日，彭德怀电告志愿军其他领导人立即着手进行反登陆的准备工作，以预防来春敌人从我翼侧登陆，配合正面进攻。

为了进一步加强思想上的准备，12 月上旬，毛泽东主席在接见志愿军代司令员和政治委员邓华时甚至做出了"三个肯定"的绝对论断，那就是志愿军应从肯定敌人登陆、肯定敌人要从西海岸登陆、肯定敌人在清川江至汉川江间登陆这一基点出发，确定我之行动方针；并指出，时间应准备在春季，也可能更早些。

12 月 20 日，中共中央给志愿军下达了准备一切必要条件，坚决粉碎敌人登陆冒险，争取战争更大胜利的指示。指示中说：

（一）根据种种情况（艾森豪威尔登台，谈判的中断，联合国通过印度提案）判断，敌人有从我侧后海岸线，特别是西海岸汉川江、清川江、鸭绿江一线，以七个师左右兵力举行冒险登陆进攻的充分可能。

（二）我志愿军协同朝鲜人民军，有坚决粉碎敌人登陆进攻，争取战争更大胜利的任务。

（三）为此目的，我军必须：

尽一切可能的力量去极大地增强海岸及其纵深的坚固防御工事，同时增强三八线正面的纵深防御工事，以为配合。

在对我侧后威胁最大的海岸线及其纵深，部署充分的兵力和火力，保证粉碎敌人从海上的进攻及其大量空降部队的进攻。在其他可能遭受敌人登陆进攻的地区（通川、元山地区，瓮津半岛地区，镇南浦、汉川江地区及咸兴以东地区），则部署可能有的兵力和火力，同样要用其全力争取粉碎敌人的进攻。

坚决地迅速地采取加修新铁路线，改善旧铁路线（满浦、球场间），加宽许多公路线，加设仓库、场站，以及预先运储大量粮弹物资等项措施，保证不论在何种情况下，我正面、侧面全军（包括人民军）的运输畅通，供应不缺。

我正面各军过去作战成绩很大，在1953年应争取更大的成绩，消灭更多的敌人。

政治工作保证全军指战员都具有粉碎敌人进攻，争取更大胜利的坚强斗志和高昂士气。

特别注意从目前起到1953年4月这一段时间内的准备工作，这是战胜敌人的关键所在。

以代理司令员和政治委员邓华同志兼任西海岸指挥部司令员和政治委员，以梁兴初同志为西海指副司令员，西海指的其他干部应予加强。

中共中央的指示最后强调指出，两年多以来，我志愿军协同朝鲜人民军，在对美帝国主义及其帮凶的英勇顽强的战斗中，取得了伟大的辉煌的胜利，已经摸清了敌人的底子，克服了很多的困难，积蓄了丰富的经验。美帝国主义采用了很多办法和我们斗争，没有一样不遭到失败。现在剩下从我侧后冒险登陆的一手，它想用这一手来打击我们。只要我们能把它这一手打下去，使它的冒险归于失败，它的最后失败的局面就确定下来了。中央坚决相信，我志愿军协同朝鲜人民军是能够粉碎敌人的冒险计划的。希望同志们小心谨慎，坚忍沉着，动员全力，争取时间，完成一切对敌登陆作战的准备工作。只要准备好了，胜利就是我们的了。

5

　　志愿军于 1952 年 12 月 17 日至 21 日，先后召开了志愿军党委扩大会议和军以上干部会议，认真研究了如何加强反登陆作战准备问题，决定在"持久作战、积极防御"方针指导下，以反登陆作战准备作为 1953 年的首要任务，以最大的决心和努力，来加强两翼海防，特别是西海岸的防御。坚决不准敌人登陆，敌人登上来要坚决消灭它，绝对不准敌人在我侧后建立一条战线。正面部队则一面准备粉碎敌人的进攻，一面积极主动地打击敌人，不断地杀伤消耗敌人，牵制住敌人，不让其脱身，破坏其登陆计划。在反登陆作战的兵力部署上，确定建立具有一定纵深的海岸防御，坚决阻敌登陆，并力求歼敌于海上或滩头；而以主力位于纵深机动位置，防敌空降，并且待一线部队将进攻之敌消耗到一定程度之后与敌决战，进行战役反击，最后歼灭敌人。12 月 23 日，志愿军司令部下达了《粉碎敌登陆进攻部署》的命令，从此，全军展开了以思想动员、部署调整、工事构筑、物资储备以及战备训练为主要内容的规模巨大的反登陆作战准备。

　　1953 年 1 月 16 日，毛泽东主席批发了总政治部拟定的《积极准备，坚决粉碎敌人冒险登陆的政治动员要点》，要求志愿军全体指战员"除继续加强'三八线'作战，积极歼灭敌人外，必须用一切力量加紧侧后准备，为彻底粉碎敌人的登陆进攻而斗争"。并指出：敌人实行登陆进攻，是敌人更为狂妄的一次冒险，是企图以此挽救其失败的命运。"如果我们打败了敌人的登陆进攻，美国侵略朝鲜最后失败的命运就确定了"。否则，不但朝鲜战局要恶化，我们伟大祖国的建设事业也将受到威胁。因此，对于"美帝国主义这一狂妄的阴谋，我们必须予以彻底粉碎，决不许其得逞"。而且我们亦有许多有利条件打破敌人这一冒险，只要我军百倍奋起，全力动员，充分做好准备，胜利一定是我们的。总政治部号召志愿军指战员百倍奋起，全力动员，克服一切困难，充分进行反登陆作战的准备。根据总政治部政治动员要点，志愿军自上而下，普遍而深入地进行了政治思想动员工作和战备教育，纠正了麻痹思想，树立了必胜信心。全军上下求战情绪极为高涨，从而为反登陆战备工作的顺利进行打下了坚实的思想基础。

1953年1月20日，艾森豪威尔宣誓就任美国总统。2月2日，他发表"国情咨文"，大肆鼓吹其全球侵略政策。在朝鲜问题上，他宣称"自由世界不能无限期地处于瘫痪的紧张状态中"，而要采取"新的、积极的外交政策"。他宣布："我现在命令第七舰队不能再用来保卫共产党中国了。"当时美第七舰队已经开进了台湾海峡，艾森豪威尔其实就是要唆使台湾国民党军队进攻大陆，以配合其在朝鲜进行军事冒险。

2月7日，毛泽东主席在中国人民政治协商会议第一届全国委员会第四次会议上，针对艾森豪威尔的战争叫嚣，给予了有力的回击，严正地宣告："我们是要和平的，但是，只要美帝国主义一天不放弃它那种横蛮无理的要求和扩大侵略的阴谋，中国人民的决心就是只有同朝鲜人民一起，一直战斗下去。这不是因为我们好战，我们愿意立即停战，剩下的问题待将来去解决。但美帝国主义不愿意这样做，那么好罢，就打下去，美帝国主义愿意打多少年，我们也就准备跟他打多少年，一直打到美帝国主义愿意罢手的时候为止，一直打到中朝人民完全胜利的时候为止。"

毛泽东主席的这一讲话，表明了中国人民的坚强意志，鼓舞了全国人民、全军将士的士气。

6

志愿军的反登陆作战准备正在紧锣密鼓地进行。不但原定回国的第 28 军、第 29 军、第 40 军三支从入朝打到现在的劲旅调往西海岸反登陆，还派国内第二批轮换的第 1 军、第 16 军、第 21 军、第 54 军第 130 师、已改装的第 33 师以及担负构筑工事任务的第 138 师先后入朝；六个铁道兵师也入朝抢修备用新线路。到 1953 年 3 月，在朝志愿军已达 19 个野战军、8 个地炮师、5 个高炮师、2 个坦克师、10 个铁道兵师和一个公安师，共达 135 万人，是志愿军在朝鲜数量的最高点。派往朝鲜的野战军数量甚至超过了留在国内的数量。

志愿军空军则准备了 14 个师 500 架飞机准备投入作战，连刚刚初具规模的海军也调了一个鱼雷艇大队到鸭绿江口停泊，从国内调来海军一个布雷队，对西朝鲜湾航道布设了水雷，共设置 4 个雷区。这样，志愿军的陆海空三军先后都参加了抗美援朝作战。

　　到 1953 年 4 月底，在中国人民和朝鲜政府、朝鲜人民的大力支持下，全军指战员经过四个月的艰苦奋战，东西海岸防御阵地的构筑和正面阵地工事的加强均已完成。反登陆作战准备基本实现。首先是滩头防御工事的完备。我们的主要对手美军海上投送兵力能力强，在诺曼底登陆战役中，美军一个批次投送了 16 万大军抢占滩头阵地，在仁川登陆战役中，美军组织 5 万军队进行登陆，数量可谓惊人。为了做好抗击登陆准备，我军在东西海岸设置了两道防御地带，纵深达十公里，力求歼敌于滩头。

　　其次是加强纵深防护。美军在登陆作战中经常配合使用空降作战实施纵深打击，其赫赫有名的 101 空降师就是在诺曼底登陆战役中一战成名的，他们在 D 日（登陆发起日）的前一天被空投到德军滩头阵地后方。而"联合国军"第二任司令官李奇微，在 1943 年担任美第 82 空降师师长时，更是在西西里岛登陆战役中直接指挥了美军史上第一次大规模夜间空降作战。可以说，对方的空降部队规模大，作战经验丰富。此外，美军陆军机械化程度高，火力猛，机动能力强，也对我纵深防御构成很大的威胁。为了应对这一情况，我军在敌便于空降和坦克行动的纵深地域，构筑了完备的反空降和反坦克阵地。

　　我反登陆防御阵地共形成坑道 8 090 多条，总长 720 余公里，相当于从中国境内天水到成都或从朝鲜境内永兴到釜山凿了一条石质隧道；挖堑壕、交通壕 3 100 多公里，相当于从新义州到汉城距离的 6 倍。除此以外，还构筑了 605 个永备水泥工事及无数个各种掩体。在东西海岸和正面绵亘 1 130 多公里的弧形防线上，已形成了以坑道或钢筋水泥工事为骨干、支撑点式的防御体系。

为完成上述这些工程，志愿军平均每天有 50 万人参加施工，他们克服了种种困难。作业时正值严冬季节，天寒地冻，冰雪深厚，气温一般在零下 20 摄氏度至零下 30 摄氏度，冻土层达 1 米左右。但广大指战员都以忘我的工作精神，昼夜突击施工，想尽一切办法完成任务。施工用的炸药缺乏，就拆卸敌人投掷的未爆炸弹获取，没有工具，就利用炮弹皮等废铁自行制造。仅据西海岸一线 3 个军的统计，即获取炸药 10 600 公斤，自制工具 30 余种，9 000 余件。

同时加强了物资保障，到 1953 年 2 月底，物资囤运任务已超额完成。弹药总囤积量达 12.38 万多吨，平均每个军囤积 3 200 多吨，每个炮兵师囤积 1 000 多吨；粮食总囤积量 24.8 万多吨，可供全军食用 8 个半月。9 万名新兵已补入部队，一线部队基本上达到了齐装满员。

◇ 志愿军炮兵严阵以待

担任海岸防御的各军，都根据预定的作战方案进行了战前训练和实兵演习。并对所有干部进行了反登陆（打敌舰艇，岛屿要塞守备，海岸防御）、反空降、打坦克的轮训，在战术和技术上也为实施反登陆作战打下了基础。

7

面对如此强大的防御体系，尽管美国人多次口出狂言，但终究没敢妄动半步，在朝鲜战争中出足了丑的美国中央情报局这次终于给出了较准确的情报：

"目前在北朝鲜的部队，大约有19个志愿军军和5个北朝鲜军团，其中大约有30万人部署在可能发生登陆作战的海岸地区，可立即投入海岸地区的作战……一旦'联合国军'按计划在朝鲜发动进攻，志愿军将展开最大限度的地面防御，来抗拒'联合国军'的进攻并实施坚决的反击。"

克拉克也认为，志愿军"沿海滩的防御体系，和前线的防御体系一样，纵深的距离甚长，并且它的效力大部分依靠地下设施。而且，除开地下工事外，还有一道一道的明壕从滩头向后分布，因此，任何从海上攻击的部队，一旦他们在海岸上获得立足点，即被迫去攻击一道又一道的战壕。它们沿着水际张着有刺铁丝网。雷区到处都是。大部分稻田地区被水淹没，使它们变成战车的大陷阱，使我们的装备在泥淖中进退两难"。

　　我大规模的反登陆作战准备，是对敌企图进行登陆冒险的有力一击。这时，敌人在正面攻不动、我两翼海岸又森严壁垒的情况下，又被迫重新回到了谈判桌前。1953 年 2 月 22 日，"联合国军"总司令克拉克致函我方，提议在停战前先行交换伤病战俘，试图以此为转机恢复停战谈判。3 月 28 日，我方同意了敌方这一建议，并提议立即恢复停战谈判。随后，中朝两国政府又提出了解决战俘问题的新方案，建议："谈判双方应保证在停战后立即遣返其所收容的一切坚持遣返的战俘，而将其余战俘转交中立国，以保证对他们的遣返问题的公正解决。"这一方案，得到了世界人民的支持和英、法等其他参战国的赞同。美国政府在这种情况下，也不得不同意以我方建议为基础恢复战俘问题的谈判。4 月 20 日，双方开始交换伤病战俘。4 月 26 日，中断六个月之久的停战谈判重新恢复。

8

　　在我军进行反登陆作战准备期间，美国参谋长联席会议以克拉克的"8-52 作战计划"为基础，一直在进行对扩大朝鲜战争的策划，并打算采取"更富于进攻性的立场"。艾森豪威尔也决定，如果战俘遣返问题的谈判不能按其无理要求达成协议，美国将"不再受世界上任何君子协定的限制"，"不再为把战争限制在朝鲜半岛而负责"。

克拉克为了再次试探我正面防御的稳定性，曾于 1 月 25 日组织了一次所谓"空、坦、炮、步协同作战实验"的进攻。以美第 7 师一个加强营，在 100 余门火炮、30 余辆坦克和 40 余架战斗轰炸机的直接支援下，猛攻我第 23 军第 201 团一个排防守的芝山洞南侧高地（美军称之为"丁字山"）。一天之内，敌共向我阵地发射各种炮弹近 17 万发，投掷炸弹 22 万多磅。在进攻时，敌人还邀集了大批高级军官与记者观战。我守备部队依托坑道工事，英勇沉着地抗击敌军，以伤亡仅 11 人的代价，彻底粉碎了敌之进攻，牢牢守住了阵地，歼敌 150 余人。这次战斗，在美国国会议员中引起了极大骚动，纷纷指责与质问美国军方：这次进攻是正当的军事行动，还是给高级宾客表演的角斗士比赛，让士兵们白白送命。就这样，在一片责骂声中，克拉克的协同作战试验不得不匆忙收场。此后，敌在正面战场上就没有大的作战行动了。

2 月 10 日，美第 8 集团军司令范佛里特离任回国，其职由美陆军助理参谋长马克斯韦尔·泰勒接任。

在进行反登陆作战准备期间，我正面各军集中力量加固阵地，囤积粮弹，也没有进行大的作战行动。这时，我军的作战方针是：如敌来攻，则坚守阵地，予敌以大量杀伤；如敌不攻，则选敌弱点，以小吃狠打、逐点攻歼的战法，积极主动地打击敌人，以便拖住敌人，破坏敌人的登陆企图。

当我正面二线阵地工事基本完成之后，我正面各军从 3 月下旬开始有选择地攻歼敌连以下目标。在西线，我军先后进攻了敌军马踏里西山—梅岘里东山（敌称之为"织女星山"）阵地、上浦防东山（敌称之为"老秃山")阵地、石岘洞北山（敌称之为"猪排山"）阵地。敌我双方在上述三点上进行了反复争夺，我共歼敌 3 千余人。在东线，我军进攻官垈里西山，歼敌 350 余人。整个 3 月份，我共进行战术反击和袭击作战 48 次，加上其他战斗，计歼敌 1.5 万余人。4 月份，我进行战术反击和袭击作战 46 次，加上其他战斗，共歼敌 1.4 万多人。整个反登陆战备期间，我正面部队仅以进攻手段歼灭敌一个排到一个连的战斗即达 47 次，有力地配合了停战谈判和东西海岸的战备工作。

反登陆作战准备，是朝鲜战争进入相持阶段后的一个重要活动。其时间之长，规模之大，远胜于任何一次战役准备；其重要意义也不亚于任何一次战役。反登陆作战准备的胜利完成，使我军在北朝鲜的任何区域完全立于主动地位。这样，就迫使美方不得不放弃登陆进攻的企图，同我恢复停战谈判，从而为尔后朝鲜停战的实现铺平了道路，同时亦为我军取得抗美援朝战争的最后胜利创造了有利条件。

1953 年春季反登陆作战准备，是抗美援朝战争期间中国人民志愿军和朝鲜人民军为抗击"联合国军"可能的登陆行动，而进行的一系列反登陆作战准备行动。这次反登陆作战准备，彻底解决了志愿军和人民军的后顾之忧，使美国当局大规模军事冒险计划胎死腹中，同时也为我夏季反击作战创造了条件。

未雨绸缪是阻止敌人军事冒险的重要前提。艾森豪威尔当选总统不久就把大规模登陆作战提上日程。1952 年底，艾森豪威尔当选总统伊始，即履行其竞选总统时许下的诺言，偕参谋长联席会议主席奥马尔·布莱德雷和内定接替参谋长联席会议主席的美国太平洋舰队司令阿瑟·雷德福海军上将等，到南朝鲜进行视察。视察期间，艾森豪威尔与克拉克、范佛里特等美军高级将领及李承晚进行了一系列会谈。对于会谈中，美军高级军官们主张的通过大规模的军事行动迫使中国在谈判桌上让步的观点，艾森豪威尔是认同的。他在后来的回忆录中写道，"在我离开朝鲜时我的结论是，我们不能永远停留在一条固定不变的战线上，继续承受着看不到任何结论的伤亡。小山丘上的小规模进攻是不能结束这场战争的"。在回国的途中，艾森豪威尔在威克岛和"海伦娜"号重巡洋舰上召开了新内阁主要成员会议，确定了美国政府对朝政策的基调，即争取和，准备打。准备一旦无法通过谈判解决问题，就诉诸武力，以扩大化的军事冒险行动来打破僵局，达到按"美国的条款"来解决朝鲜问题的目的。

对于艾森豪威尔政府可能的军事冒险，中共中央、中央军委和志愿军总部很早就有一个清醒的认识并有针对性地做了相应准备。12月4日，毛泽东在邓华关于朝鲜战局形势与明年方针任务的报告上批示："应肯定敌以五至七个师在汉川鸭绿江线大举登陆，并在我后方空降，时间应准备在春季，也可能更早些，我应十分加强地堡和坑道，部署五个军于这一线，其中要有四个有经验的军，划定防区，坚决阻敌登陆，不可有误。"12月9日，毛泽东又指示邓华："应估计敌已决策在汉川至清川江线登陆，并在积极准备中，我方必须火急准备对敌，粉碎其登陆计划。"据此，志愿军进行了充分的准备。"联合国军"最终没有采取登陆作战行动，并不等于他们不想采取这样的行动，客观地说正是中央军委、志愿军超前预测和筹划直接打乱了"联合国军"的登陆作战计划,达到了"不战而屈人之兵"的效果。

真打实备是粉碎敌人军事冒险的最可靠条件。仅有科学的预测和筹划还远不能迫使敌人放弃军事冒险,只有把科学的指导和扎扎实实的作战准备结合起来才能真正粉碎敌人的企图。这一点对于今天的军事斗争准备尤其具有借鉴意义。有资料显示,从 1952 年 12 月底开始,志愿军和人民军以构筑侧后东西海岸坚固阵地防御工事为主,进行了规模宏大的反登陆作战准备。一是以志愿军代司令员和代政治委员邓华亲自兼任西海岸联合指挥部司令员和政治委员,加强充实了西海岸志愿军和人民军联合指挥部;以刚刚指挥部队取得上甘岭防御战役胜利的志愿军第 3 兵团司令部兼任东海岸志愿军和人民军联合司令部;二是以在朝鲜作战较有经验的部队担任东西海岸防御,并从国内新调入 4 个军加强战场防御力量,同时,加强技术兵种力量;三是进行了大规模的筑城作业,构筑了东西海岸永久性坚固防御阵地体系,进一步加强了正面战线防御工事;四是新建两条横向铁路线和纵横共 8 条公路线,加强运输、储备粮弹等。

整个准备规模之大,时间之长,工作之细,是抗美援朝战争中任何一次战役准备都不能比拟的。到 1953 年 4 月底,朝鲜东西海岸和正面战线,共挖掘坑道 8 090 条,总长 720 余公里,相当于开凿了一条从天水到成都或者朝鲜境内从永兴到釜山的石质隧道;挖堑壕、交通壕 3 100 余公里,相当于从新义洲到汉城距离的 6 倍;构筑 600 余个永备工事和 10.9 万个各种掩体。加上 1952 年春夏构筑的工事,坑道总长达 1 250 余公里，堑壕和交通壕总长 6 240 公里。在东西海岸均构筑了反空降和反坦克阵地。正是这种扎扎实实的准备，完全改变了东西海岸阵地工事脆弱的局面。东西海岸和正面战线形成了绵亘 1 130 公里、纵深 20—30 公里的以坑道和永备工事为骨干的完整防御体系。

孙子曰："昔之善战者，先为不可胜，以待敌之可胜。"说的是善于用兵作战的人，总是首先创造自己不可战胜的条件，以等待或创造机会战胜敌人。1953 年春季反登陆作战准备以鲜活的行动生动诠释了古代先贤的科学思想，给我们留下了很大的思考空间。

五

交战时间	1953 年 7 月 13 日—7 月 27 日
交战地点	金城以南，从山所里到金城川和北汉江的汇合处
交战双方	我方：中国人民志愿军第 20 兵团，辖第 21 军、第 54 军、第 60 军、第 67 军、第 68 军，第 9 兵团第 24 军 敌方：南朝鲜第 2 军，美第 9 军，辖美步兵第 3 师、南朝鲜首都师、美炮兵第 555 营、美第 10 军，辖美步兵第 45 师、南朝鲜第 7 师
指挥将领	杨勇、王平；李承晚、马克·韦恩·克拉克、马克斯韦尔·泰勒

抗美援朝的
落幕之战
——金城战役

交战装备	我方：苏式步兵装备，82 毫米口径以上各种火炮共 1 000 余门，其中山炮、野炮、榴弹炮 400 门 敌方：美式 M2 重机枪、M1 伽兰德半自动步枪、M1 卡宾枪、汤姆森冲锋枪等步兵装备，大口径火炮 200 余门，飞机 650 多架次，坦克 50 余辆
交战结果	重创了南朝鲜军 4 个师，直接促进了朝鲜停战的实现

这是人类战争史上的独特现象：交战双方围绕已被解除武装的几万名战俘的去留问题，又在战场上厮杀了一年多，各自都付出了数以十万计的伤亡。

　　金城战役是一场本不该发生的战事，否则朝鲜停战有可能在朝鲜战争爆发整整三年后实现。

　　为了严厉惩罚李承晚集团破坏朝鲜停战的行径，1953 年 7 月
13—27 日，中国人民志愿军集中 6 个军的兵力、1 000 余门火炮，对
金城以南 25 公里宽的弧形战线实施猛烈进攻。这场战役共打垮李承晚
军 4 个师，歼敌 5.3 万余人，向前推进了 9.5 公里，拉直了战线，扩大
阵地面积近 170 平方公里，有力地配合了停战谈判，促进了朝鲜停战
的实现。金城战役是志愿军转入阵地战以来规模最大的一次攻击，是
抗美援朝战争中唯一的一次阵地进攻战役，也是抗美援朝战争的落幕
之战。

1

　　从 1950 年 10 月下旬到 1951 年 6 月上旬，经过五次大规模的战
役，中国人民志愿军与朝鲜人民军收复了朝鲜北半部领土，并把战线

稳定在三八线南北附近地区。此后，战争双方势均力敌，朝鲜战场上呈现出战略相持的局面。在这种情况下，交战双方都组成了谈判代表团，具体协商停战事宜，朝鲜半岛出现了一丝和平的曙光。

然而，在美国与李承晚集团的蓄意破坏下，朝鲜战场上原本有可能在 1951 年结束的流血局面又拖延了下来。从 1951 年 7 月 10 日起，中国人民志愿军开始了边打边谈、打谈结合、立足于打、以打促谈、军事斗争与政治外交斗争交织进行的尖锐复杂的长期斗争。在这个过程中，关于战俘的处理问题成为一个意想不到的难题。

在朝鲜战争中，交战双方都有大量人员被俘，其中的绝大多数是在战争第一年双方拉锯式的争夺战中俘虏的。1951 年 12 月 18 日双方交换的战俘名单显示：中朝军队共俘获李承晚军 7 142 人，俘获美英等"联合国军"官兵 4 417 人，共计 11 559 人；在美军提供的战俘名单中，朝鲜人民军 111 774 人，志愿军 20 700 人，共计 132 474 人。

据朝中方面的内部统计，被俘军人最多不超过 11 万人（其中人民军 9 万余人），朝鲜人民军战俘主要是在美军仁川登陆后的撤退中被俘的。志愿军被俘人员主要是第五次战役后期撤退时第 3 兵团的失踪者，但是美方将抓到的许多朝鲜平民和义勇队成员也当成了战俘。中朝方面俘敌的数量其实并不少，仅志愿军在五次战役期间就曾俘敌 3.6 万人（其中美军 6 000 多人），朝鲜人民军在战争初期的南进中也俘虏了数万敌军。不过在停战谈判前，中朝军队未考虑到交换战俘的问题，对俘虏还沿用过去革命战争中的方式，释放了部分人员，并将多数朝鲜籍俘虏补充进人民军，加上因敌机轰炸、看管不严和供应困难造成的失散和死亡严重，在讨论战俘问题前，中朝方面收容战俘的数量明显比对方收容数量少得多。

由于双方在收容战俘数量上存在巨大差额，战俘的交换方案和遣返原则随之成为达成停战协议的棘手问题和最大障碍。于是，在朝鲜战场上出现了世界近代史上一种独特的现象：交战双方围绕已被解除武装的几万名战俘的去留问题，又在战场上厮杀了一年多，各自都付出了数以十万计的伤亡。1953 年 6 月 8 日，双方谈判代表团就战俘问题最终达成一致，使这个一年多来唯一阻碍达成停战协议的问题获得解决，并准备在 1953 年 6 月 25 日，即朝鲜战争爆发三周年这一天签署停战协定。然而，就在这个节骨眼上，李承晚集团节外生枝，给朝鲜停战的顺利实施蒙上一层阴影。

得知停战谈判的各项协议达成后，李承晚当即表示：他和他的人民决不会接受停火，接受停火就是"向共产党投降"，就"意味着自由世界的败北"，并扬言要脱离"联合国军"的指挥，要求外国军队撤出朝鲜，南朝鲜军队要"单独北进"。

经过秘密策划和精心布置，1953 年 6 月 18 日，李承晚下令"就地释放"不直接遣返的朝鲜人民军被俘人员，并公开表示要将他们编入南朝鲜军队。"释放"战俘的行动从 6 月 18 日凌晨开始至 6 月 19日，由南朝鲜宪兵总司令元容德具体组织实施。

据当时的美军看守人员回忆："6 月 18 日午夜刚过，忽然听见嘈杂纷乱的脚步声和低语声，出门后只见战俘营的大门洞开，北朝鲜战俘们带着他们的杂物袋子跑步冲过大门，而一旁的南朝鲜士兵们只是站在原地看着，问他们究竟发生了什么事，他们只是耸耸肩膀笑笑"。就这样，在元容德授意下，看守战俘营的南朝鲜保安部队打开营门，武装警察在外接应，几个钟头之内，四个战俘营变得空空如也，一共有2.7万名北朝鲜战俘（包括50名志愿军战俘）消失在夜幕之中。南朝鲜士兵和警察在战俘营门外遇见逃亡者，还发给他们便服和食品，指点他们到当地居民家中藏身。汉城中央电台还号召当地居民收容战俘并加以掩护，并警告他们对付前来搜捕这些战俘的美国士兵。事件发生后，美军接替了战俘营的警卫值勤，但是逃亡仍在继续，四天之后，战俘的人数已从3.54万名减少到不足9 000人。之后，大概只有不到1 000名逃亡者被抓获。

李承晚集团以"就地释放"为名，强行扣留朝鲜人民军被俘人员的行动破坏了停战谈判刚刚达成的战俘遣返问题的协议，使停战协定无法签字，执行停战协定失去了保证。

2

1953年6月19日，彭德怀正打算按原定计划由北京启程，前往朝鲜签署朝鲜停战协定。临行前，他获悉了李承晚集团破坏战俘遣返协议的事件，立即向毛泽东、周恩来请示，并和金日成一起联名致信"联合国军"总司令克拉克，要求全部追回被李承晚强迫扣留的朝中方面被俘人员。

　　信中指出："我方早就一再提醒你方注意……强迫扣留战俘的可能性确是时刻存在着和增加着的，因而是我们必须坚决反对的。现在发生的这次李承晚'释放'和胁迫战俘事件，证明我们所反对的强迫扣留已经进一步地成为不容置辩的事实。而你方在此问题上历来所表现的错误立场和纵容态度，不能不直接影响这次事件的爆发和即将签字的停战协定的实施。"彭德怀和金日成在信中以强硬的措辞质问克拉克：究竟"联合国军"司令部能否控制南朝鲜的政府和军队？如果不能，那么朝鲜停战究竟包不包括李承晚集团在内？如果不包括李承晚集团在内，则停战协定实施有何保障？

　　李承晚"释放"战俘的行径，也立即引起了国际上的强烈反响，国际舆论纷纷谴责，说李承晚扣留战俘是"背信弃义的行动"，"危害了全世界不耐烦地期待着的和平"。谴责李承晚是"出卖和平事业的国际叛徒"、"不负责任的乖戾小人"、"世界上最危险的人"。

　　有的国家舆论要求美国撤换李承晚，甚至逮捕李承晚。

　　印度总理尼赫鲁的发言人说：这是一件"很遗憾而极其令人反对的事情"。

　　《印度时报》说："局势要我们以全力拯救停战……必须尽一切力量追回被释放的战俘。必须给予严重惩罚，包括在必要时用立即把李承晚撤职的威胁来迫使南朝鲜政府在这个工作中进行合作。"

　　派兵参加"联合国军"的一些国家政府，也表示了不满和不安。

　　英国首相丘吉尔在下议院声明说这是"性质严重的事件"，他"深为震动"，"大为伤心"，并当场宣读了英国政府致李承晚政府的照会："……作为一个有军队参加朝鲜战争的联合国成员，女王政府强烈谴责这种侵犯联合国军司令部的权限的背叛行为，这种权限是韩国在 1950 年曾经同意的。""事态显然非常严重，充满着危险"，"现在看来，追回被放的战俘——像中国与北朝共方所要求的——是十分明智之举"。

法国、澳大利亚等国家政府也相继给南朝鲜当局发出照会，抗议它侵犯"联合国军"司令部的权限。

有的西方国家舆论指出，"李承晚的破坏行动的责任，大部分应由联合国军司令部来负责"，"联合国军司令部犯了玩忽职守罪"。

艾森豪威尔也慌了手脚，他通过国务院发给李承晚一份急电："你目前的命令和根据这个命令所采取的行动……给联合国军司令部造成困境。这种局面如果继续下去，只会牺牲联合国精锐部队用鲜血和勇敢为朝鲜赢得的一切。"

艾森豪威尔指责李承晚废弃了把南朝鲜军队的指挥权交给"联合国军"的保证，"违抗了联合国军司令部的指挥"，要李承晚"立即毫不含糊地接受联合国军司令部的指挥，处理并结束目前的敌对行动。"

杜勒斯在一次公开谈话中怒斥李承晚的行动是对"联合国军"司令部"权威的侵犯"，他担心这样下去，"会使再过几小时似乎就唾手可得的停战协定毁于一旦。"

鉴于这一形势，毛泽东于 6 月 19 日非常及时地指出，此时帝国主义阵营内部的争吵和分歧正在扩大，"我们必须在行动上有重大表示方能配合形势，给敌方以充分压力，使类似事件不敢再度发生，并便于我方掌握主动"。

6月20日晚，彭德怀抵达平壤中国大使馆，在分别与李克农、邓华进行电话联系后致电毛泽东：建议根据目前情况，停战签字需推迟至月底似较有利，为加深敌人内部矛盾，拟再给李承晚伪军以打击，再消灭伪军一万五千人。次日，毛泽东复电同意彭德怀的建议，指出：停战签字必须推迟，推迟至何时为适宜，要看情况发展方能作决定。再歼灭伪军万余人，极为必要。同日，彭德怀也征得了金日成的同意。

邓华、杨得志和替换解方任志愿军参谋长的李达，根据彭德怀20日晚的电话指示，于当夜给第一线各部下达了指示，并告人民军前线指挥部和开城谈判代表团，指出：李承晚匪帮破坏遣返战俘协议，释放大批北朝鲜战俘。这一无理行动，势将拖延停战协定的签字，在世界舆论上已造成极大震动。为给敌以更大压力，配合板门店谈判，并经彭总同意，决在军事上继续予李伪军以狠狠地打击。为此，各军应即根据原预选目标，如已准备就绪者应即坚决攻歼之；如新选目标，应抓紧时间进行准备，并在有坑道之新占阵地上应坚决扼守，求得在打敌反扑中大量杀伤敌人。对美军及外国帮凶军，仍不作主动攻击，但对任何向我进犯之敌，均必须予以坚决打击。

据此，第一线各部队对当面敌情地形分别进行了分析研究，并制订了作战计划，准备进行夏季战役第三阶段作战。

3

金城以南，从山所里到金城川和北汉江的汇合处，是敌人整个防线的突出部，此处山头连绵起伏，像一条巨人抖动的白带，群山耸向天空，峭壁和磐石如刀削一般，易守难攻。金城西南方向，是一片开阔地，距志愿军阵地不过千米，这也是敌人的防御重点，纵深有 10 多道铁丝网，并有 100 多米宽的雷区，其基本阵地构筑了坑道工事和大量明暗火力点、地堡群，并以堑壕、交通壕相连接，形成支撑点式的环形防御体系。守军是美第 9 军指挥的李承晚军"首都师"和第 2 军团指挥的第 3、第 6、第 8 师。这几个师都是李承晚的王牌，因没有受到志愿军的沉重打击，气焰十分嚣张。

"首都师"是李承晚军 4 大主力师之一，是头号"王牌"师，其师徽就是一只血口獠牙的白色虎头，享有"无敌猛虎"的美称。美军仁川登陆后，"首都师"于 1950 年 9 月随"联合国军"大举北进，10 月初率先越过三八线；11 月中旬，"首都师"单刀直入，所向披靡 325 公里，出其不意地拿下了清津港，这是李承晚军夺取的最北面的朝鲜城市；中国人民志愿军入朝作战后，"联合国军"和李承晚军全部逃到三八线以南，唯有"首都师"固守住了襄阳阵地，成为"联合国军"在三八线以北保留的唯一的一块地盘；1951 年 5 月，在大关岭战斗中，由于"首都师"固守住阵地，使李承晚军第 1 军团免遭中朝军队合围，这一战绩令美军对"首都师"刮目相看；1952 年在金城东南 575 高地、663 高地的战斗中，"首都师"又战功卓著。美军第 8 集团军司令范佛里特称赞说："首都师自韩战爆发后的 28 个月里，一次也没有改做预备队离开过前线，而且打仗一次也没有输过，堪称大韩民国第一荣誉师！""首都师"由 1 团、2 团、17 团、18 团组成，后 2 团调出。该师的"王牌"1 团即著名的"白虎团"，成立于 1946 年 1 月，是南朝鲜首批组建的 8 个团之一，兵员充足，装备精良，是李承晚重点建设的 3 个团之一，享有"国军主力"的美名。

战役发起前，在金城地区李承晚军 4 个师 25 公里的正面上，志愿军集中了第 20 兵团指挥下的 5 个军（第 21、54、60、67、68 军）以及第 24 军，共 6 个军，加上配属的炮兵和工兵，总兵力达 24 万人。同时，还集中了 1 360 门火炮和 20 辆坦克。这样，不仅在兵力上形成 3 倍于敌的优势，在火力上也形成 1.7 倍于敌的优势。志愿军在地面火力上形成优势，这在朝鲜战争的历次战役中是唯一的一次，这也为最后的胜利埋下了伏笔。

遵照志愿军总部的指示，第 20 兵团于 6 月 22 日召开了作战会议，对情况进行了分析，决定发起金城战役，研究确定了战役的部署。决心"以北汉江西岸地区为重点，继续给伪八师残部及伪六师、三师、首都师主力以歼灭性打击，攻取轿岩山及金城川以北地区，并准备打敌一至二个二线师的反扑，同时于伪首都师正面攻占若干点，坚决固守打敌反扑，尔后依情况东西夹攻伪首都师、伪六师各一个团的阵地，歼灭守敌，力争拉平金城正面之战线"。"战役开始先小打，创造条件，尔后大打，最后实现上述目标。"

6月23日，第20兵团首长向所属各军发出指示，决定将所指挥的4个军另1个师编成西、中、东3个作战集团，预定6月30日前完成小打任务，7月5日完成战役大打准备，7月10日前后发起进攻。指示中对各集团的编成和任务区分作了明确，要求各部队要有连续作战和打恶仗的思想，预先进行充分的准备工作，防止因前一阶段进攻作战的胜利而可能出现的轻敌、麻痹、疏忽大意的倾向，贯彻"稳扎狠打"的精神，先小打，后大打，做到"打必歼、攻必克、守必固"。此外，对战场准备、指挥通信、战术协同等问题也作了明确的规定。与此同时，志愿军第9兵团、第19兵团以及第1、24、60、67军也都作出了作战计划并报志愿军总部。

根据各部计划和准备情况，6月25日晚，志愿军代司令员邓华、副司令员杨得志、参谋长李达，再次指示第一线各部，狠狠打击李承晚军，并指示第20兵团在战役任务达成后，以2—3个军向纵深有限度扩张作战。

据此，第20兵团于6月26日，制订了向纵深发展作战的预定方案，报告志愿军总部。27日18时，邓华、杨得志、李达致电杨勇、郑维山、王平、萧文玖、赵冠英并第9兵团。同时报军委总参谋部，基本同意第20兵团的作战方案，并对向纵深发展的部署提出了具体意见。同时指示第24军有配合第20兵团作战的任务。"在廿兵团向敌纵深扩展作战时，廿四军能控制上下九井以南金化通金城之一段公路，坚决打击金化方向可能增援之敌及坦克部队，以保证廿兵团右翼之安全"。

7月5日、6日，第20兵团召开由其指挥的5个军的师以上干部会议，志愿军炮兵司令员高存信、后方勤务司令部副司令员张明远参加了会议。这次会议检查了各部作战准备情况，研究了战役的具体方案。对3个作战集团的组成和任务作了部分调整。预定7月13日晚发起攻击，战役时间为5—10天。同时建议志愿军总部在第20兵团发起战役时，令第一线友邻各军选择若干点进行小打，予以配合。7月6日，将具体作战方案报志愿军总部并中央军委。同日21时，志愿军总部将第20兵团，第1、24军配合谈判打击李承晚军的预计作战情况报告中央军委并通报给开城志愿军代表团。7日16时批准了第20兵团的作战方案和战役开始时间，并告：第24军可以同时配合行动，其他各军依准备情况而定。

7月10日19时30分，第20兵团司令部向所属各军、各作战集团下达了正式作战命令：

根据当面敌情和志愿军首长的作战意图，兵团"决心以中东西三个作战集团攻歼金城西南梨实洞、北亭岭至梨船洞、金城川线以北地区之敌伪六师全部、八师主力、首都师一个团另一个营、三师一个团，并坚决巩固所占领阵地，打敌反扑，求得在打敌反扑中给敌二线团师及可能增援之敌以严重杀伤"。攻击部署为：

中央集团以第67军、第54军第135师、第68军第202师的两个团组成，并配属炮兵2个团又5个营、反坦克歼击炮兵1个营、高射炮兵1个团又1个营、坦克1个连、工兵2个营，统由第67军军长邱蔚、第54军军长丁盛、第67军政治委员旷伏兆、第54军政治委员谢明等指挥。第一步展开 2 个师，由西起金城东至松室里 9 公里的地段上发起攻击，以 1 个师由轿岩山北山腿、栗洞南山、690.1 高地东山攻歼轿岩山南朝鲜第 8 师 1 个团和第 6 师 1 个营，得手后，一部协同右翼部队攻击商山里一带之敌，另一部配合左翼东集团歼灭 585.2 高地一带之敌；另以 1 个师攻歼官岱里西南李承晚第 6 师 1 个营，并迅速南向东山里、开野里发展，协同左翼部队歼灭东山里、南山里一带之敌，并有配合右翼西集团切断烽火山之敌南逃退路、歼灭开野里之敌的任务。第二步乘胜协同东、西集团由北面攻歼梨船洞一带之敌。

东集团以第 60 军、第 68 军第 202 师的 1 个团、第 21 军（欠 1 个师，并指挥第 33 师）组成，并配属炮兵 3 个营、高射炮兵 1 个营、工兵 2 个营，统由第 60 军军长张祖谅、副军长王诚汉、副政治委员赵兰田、副军长兼参谋长邓仕俊指挥。其中第 21 军担负北汉江以东加罗峙至文登里的守备任务，在战役开始后，选择当面敌军排以下兵力防守的数点进行攻击，以牵制美第 10 军向西增援。以第 60 军全部和第 68 军第 202 师第 605 团组成攻击集团，第一步以 1 个师由北汉江以西松室里西山至金城川间 2.5 公里的地段上，由东向西发起攻击，尔后迅速攻占广大洞、细岘里、551.6 高地，控制金城川桥梁、渡口及华川至金城公路；分兵一部向北发展，攻歼 585.2 高地之敌。第二步，协同中、西集团由东及东南方向攻歼梨船洞之敌。

西集团以第 68 军（欠第 202 师）和第 54 军第 130 师组成，并配属炮兵 2 个团另 8 个营和 4 个连、反坦克歼击炮兵 1 个营、坦克 1 个连、高射炮兵 1 个团又 1 个营、工兵 2 个营又 2 个连，统由第 68 军副军长宋玉琳、第 54 军副军长吴瑞山、第 68 军副政治委员李致远、副参谋长廖鼎祥指挥。第一步展开 2 个师又 1 个团，由牙沈里至金城约 10.5 公里的地段上发起攻击，以 2 个师歼灭 522.1、522.8 高地李承晚首都师 1 个团主力，尔后 1 个师在右邻第 24 军配合下，迅速向南发展，歼灭 476.8 高地、上枫洞、二青洞及梨实洞以北之敌，坚决固守阵地，1 个师向东南发展，歼灭月峰山、南屯里一带之敌；另以 1 个团歼灭 424.2 高地李承晚第 6 师 1 个加强连，尔后攻歼烽火山之敌。第二步协同中、东集团攻歼梨船洞一带之敌。

第 54 军第 134 师为兵团预备队，位于洗浦里附近。

命令各部于 12 日晚完成一切攻击准备，预定 13 日 19 时统一发起攻击（后改为 13 日 21 时）。

志愿军首长于 7 月 12 日 16 时，对第 20 兵团部署提出如下两点意见：一、西集团在突破同时以一精干部队迅速插至下榛岘及北亭岭以北高地，断敌退路，歼灭或打乱敌炮兵；二、中、西集团于突破后须以有力部队乘敌混乱之际，迅速插至豆栗洞并抢占梨船洞西及西北各高地，对于第二步向纵深扩张极为有利。当日 23 时，第 20 兵团首长将上述两点意见作为补充命令下达各作战集团。

在第 20 兵团部署准备的同时，第 9 兵团第 24 军也根据上级指示，进行了周密部署和准备。6 月 28 日，24 军代军长张震主持召开作战准备会议，确定了配合第 20 兵团作战的基本部署。7 月 7 日，又召开团以上干部会议，确定了最后部署，经第 9 兵团和志愿军总部批准后，于 7 月 11 日 20 时，作为命令下达部队。

4

战役发起前，轿岩山方向李承晚军对志愿军的进攻企图有所察觉，抽调二梯队的 1 个营加强了轿岩山地区的防守兵力，并将位于史仓里地区的预备队李承晚军第 11 师前调。在其他方向，敌情基本未变。因此，志愿军仍按原定计划发起进攻。

为保证金城战役进攻的突然性，志愿军利用夜幕秘密潜伏了一支突击部队。他们潜伏的这条山沟三面环山，周围都是敌人。沟底是一条小溪，流淌着清澈的涧水。小溪两旁，稀疏地长着一些小松树、灌木丛和弯弯曲曲的藤条。突击队员就隐蔽在这些树丛的下面，从枝叶的空隙中，两眼凝神地仰视着山顶敌人的阵地。

四周寂静得很，听不到往日的炮声和枪声，风吹在脸上，好像刀刮一样的冰凉难受。雨忽大忽小，浇湿了士兵的全身。他们必须一动不动地埋伏 18 个小时，才能瞒过头顶上的敌人。

夜色渐渐退去了，地面上腾起一片白茫茫的晨雾。敌人开始施行火力警戒。子弹掠过突击队员的头顶，炮弹在潜伏区内不时地爆炸。考验的时刻来到了。洞外，浓云密布，欲雨未雨，大地笼罩着沉闷的空气，使人憋闷得喘不过气来。

黄昏终于来临了。

1953 年 7 月 13 日，从早晨就下起的蒙蒙细雨将金城以南的群山笼罩在一片云雾之中。时针指向 21 时，指挥员一声令下，信号弹冲上夜空。分布在纵深几十里以内的各个山头上的上千个炮口，同时喷出火柱。辽阔而又宁静的夜空回荡着滚雷般的炮声，炮弹往敌人阵地上倾泻，像疾风骤雨，像瀑布飞流。开始还能听出连续的浑厚的巨响，后来就像刮起台风一样，什么也分辨不出来了。

卡秋莎火箭炮也发了言，炮弹拖着长长的火尾呼啸着飞过去，敌人阵地上立刻腾起团团浓烟，烧起熊熊大火，把黑色的天幕映成赤红色。

20 分钟内，1 900 余吨炮弹倾泻在敌人阵地上。

坦克部队也初试锋芒。215 号坦克在部队发起冲锋前，以 5 分钟的时间，将直接威胁步兵前进的敌人 3 辆重型坦克干净利落地消灭。敌人第 2 天反扑时，215 号坦克又击毁重型坦克 2 辆，击伤 1 辆，成为志愿军坦克部队的标志。

志愿军的 3 个突击集团向李承晚军队 4 个师 25 公里防御正面展开了突然而猛烈的突击。机关枪、冲锋枪、手榴弹和炸药包爆炸声连

◇ 火箭炮向敌阵地轰击

成一片。火光闪闪的夜空里闪现出一幅幅异常壮观的画面。1 小时后，捷报频传：志愿军突破了敌人前沿阵地！

5

因为京剧《奇袭白虎团》的缘故，中国人对"白虎团"并不陌生。在金城战役的二青洞一战中，白虎团被志愿军 68 军 203 师的一支穿插分队打得威风扫地，"虎头旗"也落入志愿军之手，如今陈列在北京中国人民军事博物馆内，而"白虎团"也在金城战役中全军覆没。

"白虎团"是李承晚军"首都师"的第 1 团，因在三八线以北的襄阳阵地坚守战中死守阵地，荣获"国军主力"的美名。南朝鲜总统李承晚亲自授予"白虎团"新团旗——"虎头旗"。

金城战役前，"首都师"师长崔昌颜将"白虎团"部署在金城东南防线的右翼，团部设在二青洞；26 团部署在左翼，团部设在芳洞；机甲团部署在浦幕，担任预备队，称之为"冰岛防线"。

1953 年 7 月 13 日，金城战役打响。志愿军密集的炮火震天撼地，"白虎团"部署在一线的 3 个营遭到了猛烈的攻击。右端的 2 营溃不成军；中央防线的 1 营阵地连连告急。团长崔喜寅急令预备队 9 连和 11 连增援。9 连在途中被志愿军炮火消灭了一半，连长也中弹负伤，全连树倒猢狲散，争相逃命。谁知，连长逃命途中又被美军误认为是志愿军，一阵乱枪猛扫，要不是躲闪及时，就成了美军的枪下鬼。11 连也伤亡惨重，但好歹总算赶到了 1 营阵地。尽管如此，也无力回天，1 营阵地在志愿军的强大攻势下，土崩瓦解。

"白虎团"二青洞团指挥所一片混乱，与前线的有线联络全部中断，无线联络时有时无，派出的通信员都迷失了方向，上校团长崔喜寅急得不知所措。

左翼的 26 团也遭到了灭顶之灾。在志愿军猛烈炮火轰击和步兵的勇猛冲击下，该团防线摇摇欲坠。赶来增援的坦克排被志愿军炮火打得履带断裂，火光熊熊，残存的坦克掉头鼠窜。

齐官洞师指挥所也是一片哀鸣。师长崔昌颜同时接到"白虎团"团长和 26 团团长的告急电，都紧急求援。崔昌颜判定志愿军的主攻方向是"白虎团"，便令浦幕的机甲团派一个营火速增援"白虎团"。机甲团团长陆根珠上校驱车亲率 2 营赶往二青洞，谁知此为黄泉路，这一去再也没有回来。

此时已是午夜时分，26 团遭到了志愿军更加猛烈的进攻，阵地全部失守，官兵四处逃散，留在阵地上、碉堡里的全被炸死。两名美军观察员也被志愿军的爆破筒炸死在地下工事里。1 营首先被打垮，2 营、3 营企图发起反攻，结果成了志愿军炮火的肉靶，被炸得血肉横飞，官兵纷纷抱头鼠窜，两个营都只剩下一百来人。

"白虎团"的命运比 26 团更惨。

2 营兵败后退守到二线，还没站稳脚，志愿军便从他们与 1 营的接合部钻了进来，5、6、7 三个连的阵地被志愿军分割包围起来，522

高地上的营指挥所也遭到攻击。担任支援他们的机甲团炮群早就溜之大吉，炮火支援没了指望，营部与团部又失去联系，只好各自为战，夺路逃生，1 000多人的2营幸存下来的仅剩280人。

1营的阵地如雪崩一样垮了下来。营部也被志愿军包围，1营长与前来增援的3营长带着30多名残兵躲进一个地下掩体。突然，志愿军的爆破筒跟进来做伴，一声轰鸣，除1营长负伤外，全部被炸死。1营两个连长战死，副营长和4个排长失踪，1营全营覆灭了。

"白虎团"防区内的几个炮群同时遭到志愿军炮火齐袭，成为一堆堆破铜烂铁，炮10营营长被炮火送上了西天。然而，更悲惨的命运已经降临到"白虎团"团部的头上。

7月12日夜间，在金城战役发起的前一天深夜，细雨蒙蒙，我军203师的一支穿插分队奉命沿522.1高地以东公路向南直插上枫洞、下枫洞。途中与敌遭遇并抓获3名俘虏。经过审讯，得知敌两个炮兵阵地一个在山南里，另一个在枫洞里。"白虎团"团部在二青洞山沟的五间大房子里。

14日凌晨，由11名志愿军和两名人民军联络员组成的一个侦察小分队，在副排长杨育才的率领下，身着李承晚军军服直插二青洞"白虎团"团部。由于杨育才高个子，大鼻子，临出发前就化装成美军顾问。侦察小分队在通过敌封锁区往纵深穿插时，发现队伍后面误跟着一个李承晚军士兵。对其缴械审讯后，杨育才等人得知了李承晚军队当晚的口令。

杨育才率领的侦察小分队一路上机智巧妙地通过数道李承晚军哨

卡，赶到二青洞"白虎团"团部时，发现四周都是铁丝网，中间有三排木房子，对面山沟左侧是警卫排。木板房里有一间大房子是作战室，里面灯火通明，几个军官正坐着开会。

杨育才把小分队分成3个战斗小组，分头进攻敌人团部的作战室、电台和警卫排。随着手榴弹的阵阵巨响，作战室灯灭屋塌。没炸死的拼命向室外逃窜，又遭到侦察员的一阵猛扫。收拾完室外敌人，杨育才走进炸塌的作战室，一名战士从板墙上拽下一面旗帜，杨育才用手电一照，上面绣着"虎头"和"优胜"两字，原来正是"白虎团"的团旗。杨育才下令把它带走。杨育才率小分队奇袭"白虎团"，一举捣毁"白虎团"团部，击毙了机甲团团长陆根珠等人，共歼敌70多人，缴获汽车31辆，电台5部和一批装备物资。只有副师长和"白虎团"团长等少数几个人侥幸逃脱。

战后，"白虎团"团旗送到了20兵团司令员杨勇面前，他下令给杨育才荣记特等功，授予一级英雄称号。侦察小分队荣立了集体特等功。

团部被端，整个"白虎团"全线崩溃，兵败如山倒。副师长林益淳逃离了团部，但最终没能逃出志愿军的手心，在途中被志愿军俘虏。"白虎团"乱了套，"首都师"乱了套，26团和失去团长的机甲团也乱了套。在中国人民志愿军的打击下，14日中午，"首都师"残兵败将撤到后方。一夜之间，他们负责死守的10公里宽、纵深8公里的防线，丧失殆尽。主力团——"白虎团"全团覆灭，另两个团所剩无几，一名团长和两名营长毙命，副师长成了俘虏，南朝鲜"王牌师"和

"王牌团"蒙受了前所未有的奇耻大辱，那面"白虎团"团旗至今在军事博物馆中成为中国人民的笑料。

志愿军发起金城战役后，李承晚军害怕被歼，狼狈撤退。外电对此纷纷作了报道。合众社的报道描述说："金化东北南朝鲜部队已经'有秩序地撤退'。有些南朝鲜部队被中国军队浪潮切断，中国军队包围了他们，打到后方，其他部队仍在'四面八方'作战，这些地方现已成了中国军队的'后方'。"然而，被打乱的南朝鲜军的"撤退"实在称不上"有秩序"，当时美联社记者爱德华兹报道：南朝鲜军撤退时，"有的坐着卡车和吉普，有的攀在坦克上，有的骑在大炮的炮身上。但是还有成千的人用那穿着帆布胶底鞋而且起了水泡的一双脚向南步行。这些人一拐一拐地向前走，到了精疲力竭的时候就在路旁的泥地里倒头就睡，顾不得倾盆大雨了。""在退却的南朝鲜军中间还夹杂一些美军的大炮和坦克，它们也被迫向南转移，因为南朝鲜军步兵的撤退使它们暴露在敌军的炮火下。有的美国兵撤退时没有携带装备，有的在撤退以前来不及把装备破坏。"

志愿军经过 21 小时的战斗，至 14 日 18 时，全部完成了战役第一步任务，占领了西起新木洞向东经芳通里、梨实洞、间榛岘、豆栗洞、巨里室，沿金城川至 461.9 高地一线以北地区，向南最远推进 9.5公里，共歼敌 1.4 万余名，拉直了金城以南战线。李承晚军首都师、第 3 师和第 6 师均被打残，撤出第一线进行整编。

6

鉴于金城战役的第一步作战任务已经顺利完成，志愿军首长决定乘敌溃散之际，迅速扩大战果。7 月 14 日 17 时，彭德怀、邓华、杨得志、李达致电第 20、9 兵团，第 60、67、68、24 军，志愿军后方勤务司令部，下达了第二步作战指示。指示要求：

各军将登大里、广大洞、细岘里、梨船洞、豆栗洞、间榛岘、梨实洞、432.8 高地、回隅一线及以北之敌肃清后，主力即巩固该线，迅速构筑工事，修通至我后方之公路，将炮兵转移至该线占领阵地（充分利用缴获的坦克和火炮），将物资弹药前运，支援巩固该线作战，各军均以若干有力支队乘敌溃乱时机分别向南发展。

接到志愿军司令部命令后，第 20 兵团和第 24 军迅速确定部署，采取行动，巩固和发展胜利成果。

✿ 在坦克掩护下，步兵冲向敌人阵地

　　第 20 兵团司令员杨勇、政治委员王平、参谋长萧文玖、副参谋长赵冠英于 14 日 21 时 40 分，向各集团首长下达指示，对各集团及与第 24 军的战斗分界线作了重新明确，同时报志愿军总部并中央军委。

　　第 24 军代军长张震，副军长李家益、陈仁洪于 15 日 2 时 30 分，也根据志愿军首长 14 日 17 时的指示向各师下达了部署令。

　　根据上级指示和部署，第 20 兵团各集团和第 9 兵团第 24 军立即开始行动。

　　东集团早在 14 日 14 时 40 分，即根据志愿军总部和第 20 兵团关于达成战役第一步任务后，乘势扩张战果的意图，对战役第二步作战作了部署。在达成第一步作战任务后，紧接着从 14 日 18 时开始，以集团二梯队第 180 师两个团分别从小城洞、登大里以北地区向南渡过金城川，分两路向黑云吐岭、818.9 高地攻击前进。此时李承晚军在志愿军打击下，正在慌乱溃逃。志愿军第 180 师乘势冒雨轻装前进。15 日 12 时，占领黑云吐岭及 818.9 高地一线，并打退敌 1 个连兵力 3 次反扑。至 16 日 15 时，全部占领 1118 高地、白岩山、949.5 高地、867 高地向东直达北汉江西岸一线以北地区，将战线又向南推进了约 8 公里，胜利完成了第二步作战任务。

　　东集团第 21 军指挥的第 33 师，于 14 日 23 时，以 1 个连又 2 个班，在 82 毫米口径以上火炮 83 门支援下，向防守 1089.6 高地以南无名高地美第 45 师 1 个连发起攻击，经 20 分钟战斗，全部占领阵地，全歼守敌。至 15 日 12 时，又击退美军 2 个班至 2 个连兵力的 3 次反扑，巩固了阵地，配合了金城以南地区的作战。

○ 某部向 938.2 高地之敌冲击

　　中央集团以第 54 军第 135 师 1 个团担任后续进攻任务。该部受命向后洞里、注坡里方向穿插，准备消灭李承晚军第 8 师师部并占领阵地。14 日夜，部队由鸡岩附近冒雨出发。因夜暗下雨，地形生疏，地图被雨淋不堪使用，先头分队进至巨里室北山即误认为到达后洞里，就地布防，准备打敌反扑。后上级发现位置不对，于 15 日 2 时继续向后洞里搜索前进，进至后洞里时，与李承晚军第 6 师 1 个团的前哨接触，将其击溃，并查明后洞里南北山均有李承晚军防守，遂返回巨里室北山，占领阵地，构筑工事，准备打敌反扑。

　　在西集团方向，15 日 9 时至 19 时，美第 3 师和李承晚军首都师残部以 1 个排至 2 个营兵力，在坦克 20 余辆、飞机 130 余架次及强大炮火支援下，向北亭岭、梨实洞、杨谷一线志愿军新占阵地反扑 21 次，均被击退。志愿军西集团以一部兵力继续向南发展，至 15 日 22 时，全部控制了芳通里、梨实洞、北亭岭公路线以北地区。16 日 7 时 30 分，以 1 个多营攻击 632.5 高地，至 7 时 55 分攻占该高地主峰以北无名高地，后几次攻击主峰均未成功，遂主动撤出。

在第 24 军方向，于 14 日占领杨谷、432.8 高地后，15 日 3 时又占领了新木洞和梨实洞。后坚守 432.8 高地至杨谷东山一线。15 日 14 时 30 分至 18 时 30 分，李承晚军第 9 师以 1 个营至 1 个团兵力，连续向 432.8 高地反扑数次，均被击退。志愿军第 24 军部队牢牢控制了该阵地。16 日，志愿军第 24 军乘当面敌军调整防务之机，以第 72 师及第 70 师各一部攻占了 537.7 高地，葛洞北山和 597.9 高地以东、东南、以南各无名高地。同日，还以第 74 师 1 个团向松洞北山发动了攻击，后主动撤回。

至此，志愿军在金城以南全部达成了进攻任务。由于连日来天降大雨，河水上涨，道路泥泞，敌机乘机轰炸，前线地区桥梁被毁，使运输供应受到阻碍，炮兵难以及时跟进支援，加之，美第 8 集团军在金城以南的反扑部署调整基本就绪，志愿军遂决定转入防御，抗击敌人的反扑。

7

李承晚军在金城以南遭到严厉打击，防线崩溃后，7 月 14 日晨，美第 8 集团军司令泰勒即命李承晚军首都师、第 6 师、第 8 师、第 3 师和第 5 师，从金城以南突出部撤回到底部金城川一线以南布防，以阻止志愿军的进攻势头。同时调整部署，将仓促从日本空运到朝鲜的空降第 187 团配属给美第 2 师，并将美第 2 师从抱川地区前调接替金化以西美第 3 师防务，其空降第 187 团接替金化以北李承晚军第 9 师部分防务，李承晚军第 9 师向东延伸，缩小李承晚军第 2 军团的正面；美第 3 师东移至李承晚军首都师背后的几峰、三天峰布防，并准备向梨实洞、北亭岭的反扑；以美第 8 集团军预备队李承晚军第 11 师，调归李承晚军第 2 军团指挥，接替伤亡惨重的李承晚军第 6 师投入战斗。15 日，布防调整基本就绪，并令李承晚军第 2 军团从 16 日开始反攻，收回金城川防线。16 日，"联合国军"总司令克拉克和第 8 集团军司令泰勒飞抵朝鲜前线，在李承晚军第 2 军团部召开高级军官会议组织反攻部署，宣称要发动最大规模的反攻，企图夺回金城以南失地。20 日，李承晚军第 7 师也加入了反扑。

对此，志愿军早有准备，第 20 兵团在 14 日 21 时 40 分给各集团的指示中就有部署。在金城以南作战完成第二步进攻作战时，第 20 兵团首长于 16 日 16 时 30 分致电各集团，又要求坚决执行兵团 14 日电令，并指示：

（一）各集团除巩固已占阵地外，应继续以精干部队在机动灵活之指挥员率领下与火炮支援下，积极向南有限度发展，歼灭小股敌人，占领战术上的有利阵地，以便我基本阵地之体系更加完整，与争取时间使我主阵地之巩固，击退敌大规模之反扑。

（二）目前，除积极抢修工事外，在工事未形成体系之前，应特别注意周密部署兵力，组织火力，加强警戒，不仅控制山顶、山腰，而且注意山腿、山沟之控制，防敌夜间偷袭。

（三）加强反坦克布置，设置、构筑反坦克区（特别公路线），严密组织反坦克火力，准备击退敌大批坦克之渗入。

（四）各二线部队应大力支援一线作战，保障粮弹、物资及时供应。各集团除排除一切困难积极抢修金城川桥梁及后方公路线外，应迅速于金城川以南囤积足够的粮弹。

（五）很好组织接合部之兵力、火力协同，制订协同作战方案。

17日18时，彭德怀、邓华、杨得志、李达致电第60、67、68、24军，第20、9兵团，并第一线各军，指出：

"敌酋克拉克、泰勒昨日飞赴前线，召集高级军官会议，布置并声言发动最大的反攻；企图夺回金城以南失掉阵地。"正在组织遭到打击的李承晚军首都师，第3、6、8师和李承晚军第9、11师，美第3师部署反扑，另在杨口地区的美第40师也可能前调增援。"故在三至五天内敌必大规模的反扑。估计此次敌人反扑的规模之大和程度，当会超过去秋上甘岭。"我金城以南作战已将敌正面20余公里、纵深10余公里的阵地全部突破，打垮了敌人4个师，缴获大批军用物资，第一步任务已胜利完成。"目前为争取更大的胜利，粉碎敌人的任何反扑，在第二步作战中，望我全体指战员更紧张加紧动员起来，抢修新占阵地工事，组织炮火，拟订作战方案，加强交通运输，做好各种准备工作，要在敌人大规模反扑中予以更大的杀伤与歼灭性的打击，争取战役的全部胜利。"

电报要求第 20 兵团和第 24 军"要坚决巩固金城以南之登大里、广大洞。细岘里及芦洞里、梨船洞、豆栗洞、间榛岘、梨实洞、432.8 高地、537.7 高地一线以北阵地，作为我主阵地，该线以南即作为我前进阵地。现已占领之各前进阵地亦应加强构筑工事，组织火力坚决打敌反扑，不轻易放弃。同时以精干小部队积极向敌活动，迫使反扑之敌过早展开，迟滞行动。我应利用各前进阵地与敌作战，争取时间，使我上述主阵地构筑工事、巩固阵地，打敌更大的反扑"。

电报对金城正面各军的任务作了具体明确。同时，要求各军在主阵地上作纵深配备，建立两道防御地带，以巩固主阵地的防御。"主阵地以南我前进阵地各部队，应停止对敌人既设阵地较大的攻击，以便集中力量打敌反扑，但不放松小部队的积极活动。""各军应迅速修筑道路，加强运输，使我各种炮火及粮弹迅速前推，有力地支援打敌反扑作战。同时要大量的使用此次缴获敌之武器和弹药，以补助我运输之不足。""西线中线我各军，应积极作攻击准备，待敌人向我金城以南地区大规模反扑时得本部命令即向敌人攻击。"

各部队依此进行了部署。

"联合国军"反扑的重点首先指向东集团新占阵地黑云吐岭、白岩山、949.5 高地一线。该线对敌呈凸出态势，直接威胁李承晚第 2 军团防区的南北交通干线金城至华川公路。志愿军第 180 师占领阵地后，东集团根据志愿军总部和第 20 兵团的指示，决定第 180 师主力于 17 日撤至金城川以北，金城川以南留置 1 个营坚决控制金城川与北汉江汇合处的 461.9 高地。

7月17日，李承晚军以6个团的兵力在飞机100多架次，大口径火炮200余门支援下，分路对志愿军第180师新占的金城川以南阵地连续轮番反扑。以3个团向黑云吐岭南1公里的56.5高地、黑云吐岭、1118高地；2个团向白岩山、949.5高地、867高地；1个团在5辆坦克配合下沿949.5高地以西公路突进。

志愿军第180师所部在工事不完备、无纵深炮火支援、粮弹供应不足的情况下，面对数倍于己的优势之敌，进行了顽强艰苦的抗击。在争夺867高地作战中，敌投入2个营发动正面进攻，同时以直升机在侧后机降进行夹击。守卫该高地的志愿军第180师1个连在敌包围中拼死奋战，终因众寡悬殊，阵地被敌占领，该连除2人突围外其余全部壮烈牺牲。从17日3时至20时，激战竟日，除867高地失守外，其他各处经与敌反复争夺，均将敌击退，阵地屹立不动。毙伤李承晚军3000余人。当晚21时至18日6时，志愿军第180师按东集团部署将金城川以南部队全部撤至金城川以北和461.9高地坚守。19日和20日，李承晚军以1个排至1个营兵力在坦克和炮兵支援下，向461.9高地发动17次反扑，炮击1.7万余发。志愿军第180师1个营顽强坚守，均将敌军反扑击退，两日共毙伤敌1000余人，牢固控制了阵地。

东集团刚刚接替第一线防务的第21军，为牵制当面敌军，配合金城正面部队打敌反扑，以第33师和第61师各1个连的兵力，采取"抓一把就走"的战术，战前在抵近敌阵地的前沿潜伏一昼夜，于7月17日23时许，在炮火支援下对美45师1个连防守的1219.8高地西北山梁发起攻击，半小时内攻占了阵地，打敌反扑后，主动撤出战斗，毙伤美军 266 名。

从 18 日开始，"联合国军"反扑的重点转移至中央集团正面。18 日凌晨，志愿军中央集团以第 67 军 2 个排于 2 时 25 分攻占了 602.2 高地，歼灭李承晚第 11 师 200 余人。从 18 日上午 10 时开始，敌军约 1 个团的兵力分 3 路向后洞里地区运动，随即以连至营为单位同时向 602.2 高地及其以西无名高地、巨里室东北山发动连续反扑，均被志愿军击退。19 日、20 日敌人的反扑达到高潮。

19 日，在中央集团 6 公里的正面上，敌军展开 3 个团的兵力，在飞机 150 架次、坦克 16 辆配合下，分 3 路继续向 602.2 高地及以西无名高地、巨里室东北山反扑。一日内反扑达 106 次。中央集团进行了顽强抗击，602.2 高地几度失守，均乘敌立足未稳迅速夺回。志愿军的炮火在打敌反扑中发挥了巨大作用，不仅有力地支援了步兵作战，还直接打退了敌多次反攻。在步炮密切协同下，坚守 602.2 高地的志愿军第 67 军 1 个团一天内即毙伤敌 1 450 余人。坚守巨里室东北山的第 54 军 1 个团击退敌 30 余次反扑，毙伤敌 700 余人。

为了支持中央集团坚守阵地，20 日，第 20 兵团将兵团预备队第 134 师投入中央集团方向，并指示各集团对第一线各点"必须坚决固守，凡丢失者一定要夺回，寸土必争"。

20 日，敌军再次调集 5 个多营兵力，在飞机 420 架次、坦克 22 辆掩护下向 602.2 高地及以西无名高地反扑 48 次，被志愿军步兵击退 28 次，其余均在运动中被志愿军炮火击溃。敌再次付出 1 450 多人伤亡的代价。敌人两天的疯狂反扑，伤亡惨重，却一无所获。21 日后，敌军反攻的势头开始转弱。23日，李承晚与泰勒等众多高级将领视察前线，鼓励士气。李承晚军叫嚷："夺回三黄山（即602.2高地），向总统献礼。"23日、24日，李承晚军再度鼓起勇气发动反攻，两日内反扑107次，仍然劳而无功，不能扭转大局。至此，敌已无力再攻。

在西集团和第24军方向上，敌军反扑动作不大。19日、20日，敌人先后以1个排至1个连的兵力及坦克数辆，对志愿军西集团防守的间榛岘北山腿、梨实洞东北发动偷袭性进攻10余次，均被击退。

从7月17日直至27日朝鲜停战止，志愿军在金城以南先后击退美军和李承晚军1个排以上规模兵力的反扑1 000余次，除巨里室北山被敌军占去外，志愿军牢牢占领了东起461.9高地向西沿金城川、602.2高地、间榛岘、北亭岭、梨实洞、芳通里至新木洞、537.7高地、597.9南高地一线以北阵地。

至此，金城战役胜利结束。

1953年7月25日，中共中央和中央军委致电志愿军总部，祝贺志愿军取得夏季战役的重大胜利，贺电说：

✿ 在602.2高地争夺战中，战士们向敌人进行射击

我志愿军和朝鲜人民军自入夏以来，向敌展开有重点的战役性的反击作战，迄今已获得重大胜利。自五月十三日至七月十八日两个多月中，共毙伤俘敌九万余人，尤其自七月十三日开始的战役，在金城东西三十余公里的正面，向敌四个多师所据守的阵地，同时进行突破，截至十八日止，五天中共毙伤俘敌二万八千余人，击溃敌四个多师，共攻占纵深十公里约一百七十平方公里的阵地，缴获了许多装备和物资，给了李伪军以严重打击，有力地配合了停战，大大提高了我军对敌斗争经验，使我军在突破敌坚固设防地带的作战中获得极宝贵的经验，特电祝贺。

在第 20 兵团和第 24 军发起金城战役前后，志愿军第一线其他各军和人民军部队也遵照志愿军总部的指示，惩罚李承晚，配合停战谈判，根据"稳扎狠打"的原则，抓住有利时机分别组织了小规模进攻作战，配合金城以南作战。从 6 月 24 日至 7 月 27 日，志愿军第 1、46、23、16 军和人民军第 3、7 军团，共对敌连以下目标进攻 27 次，连同打敌反扑共歼敌 1.7 万余人，这些积极作战，既有力地配合了金城战役的顺利进行，又锻炼了部队和改善了阵地。

8

在金城战役期间，志愿军中又涌现出三名黄继光式的英雄：李家发、许家朋和李曙荷。

李家发：志愿军第 67 军第 199 师第 595 团 1 连的战士。1953 年 7 月 13 日 23 时，志愿军第 199 师 5 个营向轿岩山发起冲锋。敌军据险顽抗，战斗十分激烈，志愿军第 199 师冲击受阻。战至 14 日零时 44 分才攻上中峰、东峰。后又投入第 199 师 1 个团和第 201 师 1 个营，至 14 日 10 时攻占主峰（西峰），全部占领了轿岩山阵地。随后，以第 199 师 1 个团和第 201 师 2 个营向敌纵深猛插，歼灭逃敌。至 14 日 16 时，进至商山里、585.2 高地一线，并继续向南发展。在攻击轿岩山主峰的战斗中，当部队冲击距主峰约 200 米时，突然遭敌机枪火力点封锁。第 199 师第 595 团 1 连战士李家发主动担当起爆破敌火力点的任务。他将身上仅有的两颗手榴弹投出后，见仍有一个火力点在射击，便奋不顾身地用自己的胸膛堵住了碉堡的枪眼，献出了年轻的生命，掩护部队冲上了主峰。战后，志愿军领导机关给李家发追记特等功，追授一级战斗英雄称号。朝鲜最高人民会议常任委员会授予他"朝鲜民主主义人民共和国英雄"称号和一级国旗勋章、金星奖章。

许家朋：第 23 军第 67 师第 200 团的战士。1953 年 7 月 6 日晚，第 67 师 1 个团向美第 7 师 1 个多连防守的石砚洞北山发起攻击，为配合此点作战，第 73 师一部向李承晚军第 2 师 1 个营防守的 281.2 高地发起攻击。当晚，在炮兵火力支援下，攻占石砚洞北山阵地，全歼了美第 7 师 1 个连另 2 个排；攻占 281.2 高地 1 号阵地。在 7 月 6 日晚攻击石砚洞北山主峰时，突击排为敌暗堡机枪火力所阻，爆破手爆破未成功，英勇牺牲。第 67 师第 200 团战士许家朋从牺牲的爆破手身边拿起炸药包向敌暗堡扑去，在距敌 10 余米处双腿负伤，他抱着炸药包继续爬行。当逼近敌暗堡后，发现炸药包受潮失效，便猛然挺立起来扑向敌机枪眼，用胸膛紧紧抵住枪口，阻止了敌人机枪的发射，保证了攻击部队迅速攻占主峰。战后，志愿军领导机关给许家朋追记特等功，追授一级战斗英雄称号。朝鲜最高人民会议常任委员会追授他为"朝鲜民主主义人民共和国英雄"称号和一级国旗勋章、金星奖章。

李曙荷：志愿军第 24 军第 72 师第 215 团 7 连副班长。在 1953 年 7 月 13 日朝鲜金城战役注字洞南山进攻战斗中，他率一个班开辟道路。在全班战士相继伤亡、自己 3 处负伤右臂被打断的情况下爬到最后一个地堡前，奋不顾身堵住敌人枪眼，保证部队攻上阵地。志愿军领导机关追授李曙荷"二级战斗英雄"称号。

金城战役连同正面其他各军和人民军各军团的作战，共毙伤俘敌 7.8 万余人，缴获坦克 45 辆，汽车 279 辆，飞机 1 架，各种炮 423 门，各种枪 7 400 余支，收复土地 192.6 平方公里。志愿军和人民军伤亡 3.3 万余人。敌我伤亡对比为 2.3∶1。

金城战役的胜利，显示了志愿军和人民军已经能够集中绝对优势的兵力和局部相对优势的火力，逐段打破敌方的战线。遭到沉重打击的李承晚集团再也不敢对停战采取任何破坏行动，乖乖地坐到了谈判桌前。美国首席谈判代表哈里逊于 7 月 19 日在板门店的秘密会议上向中朝方面保证，美国将负责李承晚同样遵守停战协定。并表示："共产党方面对付大韩民国的侵略，采取必要的防御行动时，联合国军司令部将继续遵守停战协定"。"不再允许反共战俘逃亡，联合国军司令部将尽力找回已被韩国卫兵释放的 2.7 万名战俘。"虽然在中朝方面公布这些保证后，李承晚政权向美国提出了抗议，但却不得不表示服从。7月 24 日，双方谈判代表在板门店重新校正了地图上的军事分界线，将志愿军在金城战役中新占的地区划归中朝方面。

金城战役是抗美援朝战争的最后一次战役，目的在于严惩李承晚集团破坏战俘遣返协议，阻挠朝鲜停战的活动。整个作战显得有理、有利、有节。借用联合国军总司令克拉克的话说："在我的心中毫无疑问认为这次共产党攻势的主要原因，假使不是唯一原因的话，是给大韩民国陆军一个迎头痛击，并向他们及全世界表示'北进'是说易行难的事。"艾森豪威尔在其回忆录中，也表明了同样的看法。

金城战役及此前的夏季战役第一、第二阶段的作战，是抗美援朝战争中军事服从政治，作战与谈判紧密配合，以打促谈的典型杰作。打是为了谈，打是服从谈，以打促进谈。同时，谈为打规定任务，谈为打提出要求，打击重点目标的选择，打的时机的确定和打的规模大小，均根据谈判的需要而定。志愿军作战和谈判的主要对手是美军，因此谈判能否有所进展，关键决定于美国的态度。因此，志愿军确定以打促谈，首先决定以美军为重点打击目标；待美方在谈判中的态度有所好转，而李承晚集团不愿停战时，则将打击的重点目标改为李承晚军，并扩大了打击的规模，而对早已主张停战的英、法等国军队不作主动攻击，对美军也只选择连以下兵力防守的目标进行攻击；待停战谈判全部达成协议，李承晚集团破坏协议时，则将作战目标改为专打李承晚军，并更加扩大了打击的规模，直至打得李承晚集团也不得不同意停战。

金城战役的胜利充分表明了志愿军作战能力大大增强。1951 年
"联合国军"发动秋季攻势时，志愿军在金城以南虽予"联合国军"以
重大杀伤，但阵地被其突进 6—9 公里，战线在此形成了向北的突出
部。到了 1952 年夏季以后，志愿军不但可以守住阵地，而且可以攻占
"联合国军"连以下兵力防守的坚固阵地。到了 1953 年夏季又可以攻
占"联合国军"营、团兵力防守的坚固阵地。而金城战役则一举攻占
李承晚军 4 个师防守的正面 25 公里、纵深 10 余公里的坚固阵地，向
南最远突进 18 公里，全部夺回了 1951 年秋季被美军和李承晚军突进
的阵地，并予李承晚军 4 个师以重创。毛泽东在 1953 年 9 月讲到这
次战役时曾说："我们的军队是越战越强。今年夏天，我们已经能够在
一小时内打破敌人正面二十一公里的阵地，能够集中发射几十万发炮
弹，能够打进去十八公里。如果照这样打下去，再打它两次、三次、
四次，敌人的整个战线就会被打破。"

金城战役是志愿军转入阵地战以来规模最大的一次战役，也是志
愿军对坚固设防之敌实施的规模最大的一次进攻战役，不但在中国人
民志愿军抗美援朝战争的历史上，而且在中国人民解放军的战史上都
具有重要的意义，特别是提供了进行大规模攻坚战役的宝贵经验。这
次战役在组织实施上有以下几个显著特点：

第一，这次战役的指导方针是"稳扎狠打"，是在 1953 年夏季进
攻战役第一、第二阶段作战已取得对敌军坚固设防的营、团阵地进攻
经验的基础上进行的。选择的突击方向就是取得上述作战经验的地区，

并且是敌军的突出部。

第二，作战目标明确、有限，作战决心坚定。作战目标是打掉敌军在金城以南的突出部，占领金城川以北一线阵地，拉平战线，给这一地区的李承晚军4个师以歼灭性打击。无论第20兵团还是志愿军总部的决心都是做到"打必歼、攻必克、守必固"；上述目标实现后，迅速构筑工事，坚决固守，视情况做有限度的发展，如敌大规模反扑，则控制上述实现的目标线固守到底。

第三，准备充分。决心确定后，从部队部署调动，到战术准备，打敌反扑的准备，物资准备，道路准备，对雨季到来的交通准备，以及思想政治动员等都做得较为充分，并以小打掩护大打准备的进行，从而有力地保证了金城战役的胜利。

第四，志愿军火炮和炮火的密度达到了志愿军抗美援朝战争中的最高水平。在金城以南25公里的正面上，第20兵团和第24军集中82毫米口径以上各种火炮共1 000余门，平均每公里45门。其中中央集团正面9公里，火炮385门，平均每公里42门；西集团正面105公里，火炮343门，平均每公里32.6门；东集团正面2.5公里，火炮210门，平均每公里84门；第24军正面3公里，火炮221门，平均每公里73.7门。仅战役开始时的7月13日晚，一次火力急袭即消耗炮弹1 900余吨。整个金城战役消耗炮弹1.9万吨，相当于志愿军在第一至第五次战役中消耗弹药总和的2.2倍。尽管与第二次世界大战中苏联军队作战平均每公里需100—120门火炮的标准还无法相比，但这已达到了志愿军的最高水平，并且在这次战役中充分发挥了作用。

在突破中的炮火准备，破坏敌军工事达 30%—40%，在打敌反扑中，敌军的冲锋约 40% 左右是志愿军炮火击退的。

美军战史在评论这次战役时说："共军在 7 月两次创了炮弹发射纪录，一次是月最高纪录；另一次是 10 天最高纪录，即他们在 7 月 11—20 日共发射了 197 550 发炮弹。敌军部队随意使用火炮和迫击炮炮弹清楚说明，他们的补给形势已经有了很大的改善，而且愿意发射必要的炮弹支援他们的进攻。即使经过 6、7 两月的大量消耗后，除了局部地方外，他们并不缺少弹药。""因此，在热战接近结束时，从军事上说，共产党方面的形势是很好的。虽然他们 6、7 月的伤亡很大，但在朝鲜还有 100 多万中国军队和北朝鲜军队。在战争初期，他们一天只能吃上两餐饭，现在能一日三餐，服装也很充裕。虽然在战争期间敌人的交通运输系统不断遭到轰炸和扰乱，但他们一方面大量利用人力，另一方面通过伪装和采取各种阴谋诡计，因此不但使其部队继续保持在前线，而且能不断地增加储备。如果一旦需要，敌军就能够在相当长的时间内继续打一场类似于 1951—1953 年期间的这种有限战争。"

金城战役，是志愿军 1953 年夏季反击作战的第三次进攻战役，也是转入战略防御以来规模最大的一次进攻战役。此役，重创南朝鲜军 4 个师，给了南朝鲜军以沉重打击，同时，加深了美国同南朝鲜当局的矛盾，对促进朝鲜停战的实现和维护朝鲜战后局势稳定发挥了重要作用。

金城战役展示了我军强大的攻击能力，有力地震慑了"联合国军"。在这次战役中，志愿军集中了 1 480 余门火炮，共发射炮弹 1.9 万余吨，其中，在发起攻击的当夜，志愿军就发射炮弹 1 900 余吨，一举摧毁了南朝鲜军阵地上的主要工事。攻击发起后，在 25 公里正面上，志愿军在 1 个小时之内全部突破南朝鲜军防御阵地，最远向南推进 9.5 公里。到战役结束时，一举攻占南朝鲜军 4 个师防守的坚固阵地，全部收复了 1951 年秋季被美军和南朝鲜军在金城以南占领的阵地，并给南朝鲜军 4 个师以歼灭性打击。转入防御后，又连续击退了"联合国军" 1 000 余次不同规模的反扑，志愿军阵地岿然不动。我军强大的火力和凌厉的攻势，打掉了李承晚狂妄的战争叫嚣，同时，也极大地震慑了"联合国军"。李承晚集团不得不乖乖地坐到谈判桌前，美国首席谈判代表哈里逊特意向我方保证，美国将负责李承晚同样遵守停战协定，并表示"共产党方面对付大韩民国的侵略，采取必要的防御行动时，联合国军司令部将继续遵守停战协定"。所有的这一切都再一次证明了"能战方能言和"的古训，如果我军没有能够对敌实施有效打击的作战能力，停战恐怕不会如此顺利。

加深了敌人内部的矛盾，为停战后朝鲜局势的稳定奠定了基础。杨得志将军在他的回忆录中曾把金城战役比作是朝鲜战争名副其实的"压台仗"，通过这次干净利落的进攻战役，不但为迫使"联合国军"遵守停战协定提供了保证，而且为停战后朝鲜局势的稳定奠定了基础。杨得志将军的这个比喻是很有道理的。纵观整个 1953 年夏季反击作战，核心的目的是密切配合停战谈判，以打促谈，以打促稳。整个战役的所有作战行动都是在为停战谈判扫清障碍，在前期谈判中，美军横生枝节，所以，战役的第一、第二阶段的重点打击目标是美军，美军态度转变后，李承晚集团破坏停战，第三阶段金城战役则将重点打击目标调整为南朝鲜军队，而对主张停战的英、法军队不作主动攻击。这种策略不仅对我军集中力量消灭主要敌人起到了很好的作用，同时，也对分化敌人阵营、稳定战后朝鲜局势起到了很好的作用。

尾 声

　　历史的时针指向 1953 年 7 月 27 日。这天上午，在板门店举行了庄严的朝鲜停战协定签字仪式。

　　7 月 27 日清晨，当各国新闻记者来到会场区，立即发现这里在一夜间奇迹般矗立起来一座签字大厅。这座具有朝鲜民族风格的 1 000 多平方米的飞檐斗拱式的凸字形签字大厅是中朝方面承建的，是头一天在朝鲜人民军代表团秘书长朱然的指挥下，由 100 多名建筑工人奋战通宵，用木板搭建而成。大厅内，已按双方事先的商定布置得庄重肃穆。在大厅正中，东西向并列摆放着两张长方形会议桌，这是双方首席代表签字桌，上面分别插着朝鲜民主主义人民共和国国旗和联合国旗帜。两张长方形桌中间的方桌上，摆放着用朝、中、英 3 种文字书写的《关于朝鲜军事停战的协定》及其附件《中立国遣返委员会的职权范围》和《关于停战协定的临时补充协议》3 个准备签字的文本 18 份。其中朝中方面准备的 9 份文本用深棕色皮面装帧，美方准备的 9 份文本蓝色封面，并印着联合国的徽记。在签字桌的两侧，西部为朝中方面人员的坐席，东部为"联合国军"方面人员的坐席，北面是与会采访的新闻记者活动区域。大厅四周由双方安全军官担任警卫。

9时30分后，双方出席签字仪式的人员分别由指定的东西两门进入大厅就座（李承晚方面未派代表或观察员出席）。10时整，朝中代表团首席代表南日和"联合国军"代表团首席代表哈里逊从大厅南门进入大厅，在签字桌前就座，各由本方助签人协助下，开始在本方《关于朝鲜军事停战的协定》及其附件《中立国遣返委员会的职权范围》和《关于停战协定的临时补充协议》文本上签字，之后，相互交换签字。

签字仪式于上午10时10分结束，一切均按预定计划顺利进行。按事先约定，仪式中，双方首席代表均未发言。

是日下午1时和晚上10时，"联合国军"总司令马克·克拉克于汉城、朝鲜人民军最高司令官金日成于平壤也在《关于朝鲜军事停战的协定》和《关于停战协定的临时补充协议》上签了字。27日下午，中国人民志愿军司令员兼政治委员彭德怀在朝鲜人民军副司令官崔庸健次帅的陪同下到达开城，下榻在来凤庄。28日上午9时30分，彭德怀于志愿军代表团新修建的会议室里在《关于朝鲜军事停战的协定》和《关于停战协定的临时补充协议》上签了字。双方并于7月29日下午在板门店交换了签字文本。

签字后，双方同时公布了内容包括5条63款的《关于朝鲜军事停战的协定》及其附件《中立国遣返委员会的职权范围》和《关于停战协定的临时补充协议》全文。

停战协定规定：双方控制下的一切武装力量，包括陆、海、空军的一切部队与人员，于双方首席代表签订停战协定后12小时起，即朝鲜时间7月27日晚上10时起，完全停止在朝鲜的一切敌对行为；停战协定的附件及其临时补充协议的一切其他条款，亦一律于停火的同时开始生效。一切军事力量、供应和装备将于停战协定生效后72小时内从非军事区撤出。

在停战协定签字的当天，朝鲜人民军最高司令官金日成和中国人民志愿军司令员彭德怀联名向朝鲜人民军和中国人民志愿军发布了停战命令，全文如下：

朝鲜人民军全体同志们：
中国人民志愿军全体同志们：

朝鲜人民军和中国人民志愿军，经过三年抵抗侵略、保卫和平的英勇战争，坚持了两年争取和平解决朝鲜问题的停战谈判，现在已经获得了朝鲜停战的光荣胜利，与联合国军签订了朝鲜停战协定。

停战协定签订是以和平方式解决朝鲜问题的第一步，因而是有利于远东及世界和平的。它获得了朝中两国人民的热烈拥护，使全世界爱好和平的人民受到了莫大的鼓舞。但是，在联合国军方面尚有一部分好战分子尤其是李承晚集团对朝鲜停战的实现深感不满，因而对停战协定的签订极表反对。为此，朝鲜人民军和中国人民志愿军全体同志必须提高警惕。

在停战协定开始生效之际，为了坚决保证朝鲜停战的实现和不遭破坏，并有利于政治会议的召开以便进一步和平解决朝鲜问题起见，我们发布命令如下：

一、朝鲜人民军和中国人民志愿军的陆军、空军、海军、海防部队全体人员应坚决遵守停战协定，自一九五三年七月二十七日二十二时起，即停战协定签字后的十二小时起，全线完全停火；在一九五三年七月二十七日二十二时起的七十二小时内，即停战协定生效的七十二小时内，全线一律自双方已经公布的军事分界线后撤二公里，并一律不得再进入非军事区一步。

二、朝鲜人民军和中国人民志愿军的陆军、空军、海军、海防部队全体人员应保持高度戒备，坚守阵地，防止来自对方的任何侵袭和破坏行动。

三、凡为执行停战协定而进入我军控制地区的军事停战委员会及其联合观察小组所属人员、中立国委员会及其所属人员以及联合红十字会小组所属人员，朝鲜人民军和中国人民志愿军全体

人员均应对之表示欢迎，负责保护其安全并在其工作上予以积极

协助。

朝鲜人民军最高司令官

朝鲜民主主义人民共和国元帅　　金日成

中国人民志愿军司令员　彭德怀

同日，"联合国军"总司令马克·克拉克和美第8集团军司令官马克斯韦尔·泰勒，也发表声明和发布了停战令，命令所属部队"不再开枪"，"除非得到停战委员会的许可，否则任何情况下都不得进入非军事区"。

朝鲜时间1953年7月27日22时，是一个具有重大历史意义的时刻——全世界人民渴望已久的朝鲜停战终于实现了，历时3年1个月的朝鲜战争和中国人民2年9个月的抗美援朝战争至此结束。据毛泽东的卫士长李银桥回忆，当朝鲜停战协定签字的消息传到北京，毛泽东非常高兴，在中南海的院子里清着嗓子唱了一曲京戏。

据朝中方面1953年8月14日公布的战绩，自1950年6月25日至1953年7月27日，朝鲜人民军和中国人民志愿军共毙伤俘敌军109.3万余人，其中美军39.7万余人、李承晚军66.7万余人，英、法等其他国家军队2.9万余人。同一时期，朝鲜人民军和中国人民志愿军共伤亡、失踪和被俘62.8万余人。按朝中方面公布的歼敌数字计算，中朝军队和"联合国军"人员伤亡损失对比为1:1.7。

朝鲜人民军和中国人民志愿军共缴获飞机11架、坦克374辆、

装甲车 146 辆、汽车 9 239 辆、船只 20 只、各种炮 6 321 门、各种枪 119 710 支、火焰喷射器 117 具；击毁击伤飞机 12 213 架（击落 5 729 架、击伤 6 484 架，其中包括苏联空军的战果）、坦克 2 690 辆（击毁 1 849 辆、击伤 841 辆）、装甲车 45 辆（击毁 42 辆、击伤 3 辆）、汽车 4 111 辆（击毁 3 600 辆、击伤 511 辆）、各种炮 1 374 门。击沉击伤各种舰艇 257 艘（击沉 164 艘、击伤 93 艘）、各种船 295 只（击沉 163 只、击伤 132 只）。

自 1950 年 10 月 25 日至 1953 年 7 月 27 日，在 2 年 9 个月的抗美援朝战争中，中国人民解放军定编的野战部队有 70% 左右以志愿军名义轮番参战，先后入朝 297 万人，此外还有 60 余万民工出国支援。共歼伤俘敌 71 万余人，自身作战减员 36.6 万余人，其中阵亡 11.6 万余人、负伤 22 万余人、失踪和被俘 2.9 万余人（另有非作战死亡 2.5 万余人），敌我伤亡损失对比为 1.9∶1；共击毁和缴获飞机 4 268 架、坦克 1 492 辆、装甲车 92 辆、汽车 7 949 辆，缴获（不含击毁）各种炮 4 037 门。志愿军损失飞机 231 架、坦克 9 辆、汽车 6 060 辆，各种炮（含被击毁）4 371 门。

美国开支战费 400 亿美元、消耗作战物资 7 300 余万吨。中国开支战费 62.5 亿元人民币，消耗作战物资 560 余万吨。

中国人民志愿军和朝鲜人民军取得了这场战争的伟大胜利。世界霸主、"自由"世界的"领袖"——"山姆大叔"，在朝鲜战场上失去了光彩与威风——在中国人民志愿军和朝鲜人民军面前输了，而且输得很惨。

克拉克后来回忆朝鲜战争的情况时说："1952 年 5 月，我受命为联合国军统帅，代表 17 个国家，在韩国抵抗共产党侵略。15 个月以后，我签订了一项停战协定，这协定暂时停止了……那个不幸半岛上的战争。对我来说这亦是表示我 40 年戎马生涯的结束。它是我军事经历最高的一个职位，但是它没有光荣。在执行我政府的训令中，我获得了一项不值得羡慕的荣誉，那就是我成了历史上签订没有胜利的停战条约的第一位美国陆军司令官。我感到一种失望和痛苦。我想我的前任麦克阿瑟和李奇微两位将军一定具有同感。"

美国知名的政论著作家约瑟夫·格登，在他所著的《朝鲜战争——未透露的内情》一书的引言中，一开篇就说："美国政坛老手艾夫里尔·哈里曼谈到朝鲜战争时，称它是'一场苦涩的战争'。""在美国不甚愉快的经历中，朝鲜战争算是其中的一个：当它结束之后，大多数美国人都急于把它从记忆的罅隙中轻轻抹掉。出于某一原因，朝鲜战争是美国第一次没有凯旋班师的战争。美国使朝鲜处于僵持状态，同共产党中国这个庞大而落后的亚洲国家打成了平手。"

在抗美援朝战争中，敌我交战双方技术装备差距之大为 20 世纪世界战史上所罕见。1950 年美国的国民收入为 2 400 亿美元，中国仅100 亿美元；美国有 31 万架军用飞机，中国还不足 200 架。美国陆军平均 4 个人装备一辆汽车，中国陆军平均 500 人才有一辆；美军一个团的火力强度，要超过中国一个军。当时中国虽然有苏联提供援助，供给的武器却不多，还要按"出厂价五折"记账。在这种远非一个等量级的较量中，新中国能够在局部战争中取得胜利，真可谓"沧海横流，方显出英雄本色"。

中国人民取得了抗美援朝战争的伟大胜利，达到了"抗美援朝、保家卫国"的目的，支援了朝鲜人民，保卫了朝鲜民主主义人民共和国，稳定了朝鲜的局势，保卫了中国大陆的安全，维护了亚洲及世界的和平。无论对中国，对朝鲜，对东方，乃至对于整个世界都具有十分重要的深远意义。抗美援朝精神是一种非常宝贵的民族精神，表现了中华民族的传统美德，在中国后来的社会主义革命和社会主义建设中发挥了巨大的作用，直至现在仍被广为传颂。

1953年9月12日，毛泽东在中央人民政府委员会第二十四次会议上的讲话中，对抗美援朝作了总结：

"抗美援朝，经过三年，取得了伟大胜利，现在已经告一个段落。

抗美援朝的胜利是靠什么得来的呢？刚才各位先生说，是由于领导的正确。领导是一个因素，没有正确的领导，事情是做不好的。但主要是因为我们的战争是人民战争，全国人民支援，中朝两国人民并肩战斗。

我们同美帝国主义这样的敌人作战，他们的武器比我们强许多倍，而我们能够打胜，迫使他们不能不和下来。为什么能够和下来呢？

第一，军事方面，美国侵略者处于不利状态，挨打状态。如果不和，它的整个战线就要被打破，汉城就可能落入朝鲜人民之手。这种形势，去年夏季就已经开始看出来了。

作战的双方，都把自己的战线称为铜墙铁壁。在我们这方面，确实是铜墙铁壁。我们的战士和干部机智，勇敢，不怕死。而美国侵略军却怕死，他们的军官也比较呆板，不那么灵活。他们的战线不巩固，并不是铜墙铁壁。

我们方面发生的问题，最初是能不能打，后来是能不能守，再后是能不能保证给养，最后是能不能打破细菌战。这四个问题，一个接着一个，都解决了。我们的军队是越战越强。今年夏天，我们已经能够在一小时内打破敌人正面二十一公里的阵地，能够集中发射几十万发炮弹，能够打进去十八公里。如果照这样打下去，再打它两次、三次、四次，敌人的整个战线就会被打破。

第二，政治方面，敌人内部有许多不能解决的矛盾，全世界人民要求和下来。

第三，经济方面，敌人在侵朝战争中用钱很多，它的预算收支不平衡。

这几个原因合起来，使敌人不得不和。而第一个原因是主要的原因，没有这一条，同他们讲和是不容易的。美帝国主义者很傲慢，凡是可以不讲理的地方就一定不讲理，要是讲一点理的话，那是被逼得不得已了。

在朝鲜战争中，敌人伤亡了一百零九万人。当然，我们也付出了代价。但是我们的伤亡比原来预料的要少得多，有了坑道以后，伤亡就更少了。我们越打越强。美国人攻不动我们的阵地，相反，他们总是被我们吃掉。

刚才大家讲到领导这个因素，我说领导是一个因素，而最主要的因素是群众想办法。我们的干部和战士想出了各种打仗的办法。我讲一个例子。战争的头一个月，我们的汽车损失很大。怎么办呢？除了领导想办法以外，主要是靠群众想办法。在汽车路两旁用一万多人站岗，飞机来了就打信号枪，司机听到就躲着走，或者找个地方把汽车藏起来。同时，把汽车路加宽，又修了许多新汽车路，汽车开过来开过去，畅行无阻。这样，汽车的损失就由开始时的百分之四十，减少到百分之零点几。后来，地下仓库修起来了，地下礼堂也修起来了，敌人在上面丢炸弹，我们在下面开大会。我们住在北京的一些人，一想到朝鲜战场，就感到相当危险。当然，危险是有的，但只要大家想办法，并不是那么了不起。

我们的经验是：依靠人民，再加上一个比较正确的领导，就可以用我们的劣势装备战胜优势装备的敌人。

抗美援朝战争的胜利是伟大的，是有很重要意义的。

第一，和朝鲜人民一起，打回到三八线，守住了三八线。这是很重要的。如果不打回三八线，前线仍在鸭绿江和图们江，沈阳、鞍山、抚顺这些地方的人民就不能安心生产。

第二，取得了军事经验。我们中国人民志愿军的陆军、空军、海军，步兵、炮兵、工兵、坦克兵、铁道兵、防空兵、通信兵，还有卫生部队、后勤部队等等，取得了对美国侵略军队实际作战的经验。这一次，我们摸了一下美国军队的底。对美国军队，如果不接触它，就会怕它。我们跟它打了三十三个月，把它的底摸熟了。美帝国主义并不可怕，就是那么一回事。我们取得了这一条经验，这是一条了不起的经验。

第三，提高了全国人民的政治觉悟。

由于以上三条，就产生了第四条：推迟了帝国主义新的侵华战争，推迟了第三次世界大战。

帝国主义侵略者应当懂得：现在中国人民已经组织起来了，是惹不得的。如果惹翻了，是不好办的。"

毛泽东主席掷地有声的讲话为朝鲜战争的胜利作了最好的注脚。

前事不忘，后事之师，中国人民伟大的"抗美援朝、保家卫国"的战争，是中国人民不畏强暴反抗侵略的伟大壮举，创造了震撼世界的光辉业绩，是新中国的光荣和骄傲，是中华民族的光荣和骄傲。它与日月同辉，永久地载入了中华人民共和国和中华民族的光辉史册。

图书在版编目(CIP)数据

断刃:1951～1953/白文辉主编.—上海:上海
人民出版社,2017
　(胜利丛书/吴清丽,江南主编)
　ISBN 978-7-208-14626-6

　Ⅰ.①断…　Ⅱ.①白…　Ⅲ.①抗美援朝战争-史料-
1951-1953　Ⅳ.①E297.5

中国版本图书馆 CIP 数据核字(2017)第 152157 号

责任编辑　罗　俊
封面设计　今亮后声工作室

·胜利丛书·

吴清丽　江　南　主编

断刃 1951—1953

白文辉　主编

世 纪 出 版 集 团

上海人民出版社出版

(200001　上海福建中路 193 号　www.ewen.co)

世纪出版集团发行中心发行　　上海商务联西印刷有限公司印刷
开本 890×1240　1/32　印张 7　插页 1　字数 143,000
2017 年 7 月第 1 版　　2018 年 1 月第 2 次印刷
ISBN 978-7-208-14626-6/E·62

定价 38.00 元